Omolara Shittu

Estratégias para alcançar uma gestão sustentável dos resíduos sólidos urbanos

Omolara Shittu

Estratégias para alcançar uma gestão sustentável dos resíduos sólidos urbanos

no Estado de Lagos, Nigéria

ScienciaScripts

Conteúdo

1.0 Introdução

A palavra **"resíduos"** é uma noção altamente subjectiva (Karibo, E O, 2008.). A maioria das pessoas vê os resíduos como um risco para o ambiente e a saúde pública, alguns consideram-nos um mero inconveniente e um incómodo - necessário porque tem de ser gerado enquanto o homem existir na Terra, outros argumentam que os resíduos são uma fonte de rendimento. (Karibo, E O, 2008.) afirmou ainda que o aumento do conhecimento global sobre o desenvolvimento sustentável, bem como a aplicação ineficaz da legislação ambiental pertinente e a ausência de recursos/instalações de gestão de resíduos nas principais cidades dos países em desenvolvimento colocaram os resíduos numa perspetiva negativa.

A gestão de resíduos é referida como o tratamento adequado e correto dos produtos residuais ao mais baixo custo e com um mínimo de destruição e poluição do ambiente (Iriruaga, E T, 2015). Pode também referir-se a toda a atividade envolvida desde o berço até ao túmulo da produção de resíduos, que envolve a recolha, o transporte e o cumprimento da regulamentação ambiental. A gestão incorrecta dos resíduos na Nigéria provocou numerosos casos de contaminação dos solos superficiais, da água e da atmosfera, ameaçando igualmente a saúde da população exposta. Por conseguinte, é necessário gerir os resíduos sólidos de modo a reduzir a ameaça para o ambiente e para as pessoas. Os métodos de gestão de resíduos mais utilizados a nível mundial incluem

1. Prevenção de resíduos;
2. Reciclagem (recuperação de materiais importantes como plásticos, papel, restos de metal, alumínio, materiais de construção, vidro, pneus usados, etc. e compostagem);
3. Incineração com ou sem recuperação de energia;
4. Despejo/enchimento de terrenos;
5. Combustão, ou seja, queima.
6. Digestão anaeróbia (compostagem).

1.1 Declaração do problema

Na Nigéria, a maior parte da população não beneficia de uma operação adequada de serviços de eliminação de resíduos, o que levou a várias actividades antropogénicas do homem que podem contribuir para as alterações climáticas, como o enterramento ou a queima de resíduos dentro ou fora das suas casas. Lagos é conhecida pela deposição não planeada e descuidada de resíduos na rua ou nos esgotos. O lixo gerado na cidade contém mais resíduos orgânicos e papéis que contribuem para a reprodução de insectos infecciosos e moscas que acabam por poluir o solo e as águas superficiais. A situação atual de Lagos está a aumentar devido à grande migração de pessoas de ambos os estados vizinhos e do país.

1.2 Âmbito de aplicação e limitações

Este trabalho de investigação limita-se apenas a três áreas da administração local como estudo de caso e não a toda a cidade. As três autarquias foram selecionadas devido ao seu grande número de habitantes e também porque são constituídas por actividades industriais e comerciais, com três mercados principais: o mercado geral de Agege, o mercado de Ketu-Ikorodu e o mercado de Idumota, respetivamente. Os resultados desta investigação podem ser aplicados a toda a cidade de Lagos porque a sua população tem problemas semelhantes no que respeita à gestão de resíduos. Os estudos centram-se nos resíduos sólidos domésticos.

1.3 Justificação do estudo

Estes estudos tentam identificar as causas das práticas insustentáveis em matéria de resíduos na cidade de Lagos, com possíveis soluções.

A informação fornecida nesta investigação fornecerá um meio holístico de analisar os problemas de gestão de resíduos e os métodos para alcançar uma gestão sustentável dos resíduos na cidade.

1.4 Objetivo

O objetivo desta investigação é avaliar as práticas de gestão de resíduos sólidos no Estado de Lagos, utilizando algumas áreas selecionadas como estudos de caso. Esta investigação expõe as perdas provocadas pelo desperdício de materiais e propõe medidas que irão melhorar a utilização judiciosa dos resíduos nos processos de gestão. Pretende-se também compreender as consequências ambientais prováveis da elevada taxa de produção de resíduos no Estado, apresentar desafios no atual sistema de gestão de resíduos e identificar medidas que permitam a implementação de um sistema de gestão de resíduos sustentável. Por conseguinte, este estudo examina as práticas de gestão de resíduos sólidos no Estado de Lagos, centrando-se em três áreas governamentais locais do Estado, nomeadamente Agege, Ikorodu e Eti-Osa, com a cobertura específica de;

• Apresentar o estado atual dos resíduos sólidos urbanos nestas áreas selecionadas do Estado de Lagos e os desafios que enfrentam.

• Examinar as actividades da Autoridade de Gestão de Resíduos do Estado de Lagos (LAWMA).

• Recomendar e discutir soluções que possam ser aplicadas ao sistema de gestão de resíduos sólidos no Estado de Lagos.

Questões de investigação

• Qual é o estado atual da gestão dos resíduos sólidos urbanos no Estado de Lagos e qual a sua sustentabilidade, tendo em conta os cenários políticos e institucionais do sistema nigeriano?

• Que papel desempenham as partes interessadas na gestão dos resíduos no Estado?

• Que opções sustentáveis e eficientes poderia o Estado adotar para melhorar o seu sistema de gestão?

• É possível implementar as melhores práticas industriais em termos de gestão de resíduos no estado de Lagos?

CAPÍTULO 2

REVISÃO DA LITERATURA

2.0 Antecedentes

Esta secção centra-se na descrição da hierarquia da gestão de resíduos sólidos. Também fornece informações sobre as actuais abordagens globais, opções de gestão, diferentes tipos de produtos utilizados no estado de Lagos que geram resíduos no que diz respeito à descrição da gestão de resíduos sólidos urbanos no estado de Lagos, na Nigéria.

2.1 Categorias de produtos

É sabido que diferentes produtos e serviços têm determinados ciclos de vida, que são certamente diferentes uns dos outros em termos de utilização e aplicação.

O ciclo de vida pode ser definido como o tempo ou o início do produto, que envolve o momento em que o produto foi introduzido no mercado até à sua última fase de retirada. Está dividido em diferentes fases, durante as quais se registam diferentes alterações no que diz respeito à forma como o produto actua no mercado atual, tais como o seu reflexo em termos de vendas e de ideias sobre o produto. O ciclo de vida, do início ao fim do produto, ajudará a compreender o tipo de produto mais produzido na cidade de Lagos e a sua utilização, tal como do berço ao túmulo, e a partir daí é possível compreender plenamente o tipo e as fontes de produção de resíduos, como se pode ver na (figura 1). (Ioannis B, 2013).

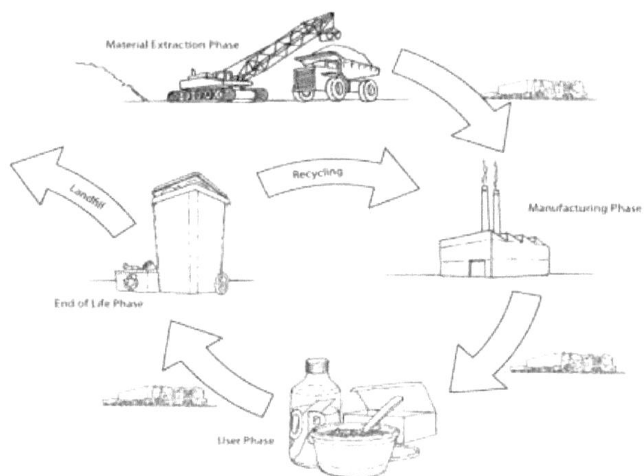

Figura 1: Avaliação do ciclo de vida dos produtos:
Fonte: https://simapro.files.wordpress.com

2.1.1 Produtos perecíveis

Atualmente, bens como o tomate e a fruta, que são consumíveis e perecíveis, dominam a maior parte dos mercados no estado de Lagos devido à grande população e às necessidades diárias de sobrevivência, uma vez que todos os homens precisam de comida para sobreviver. Uma outra razão para o aumento da população de Lagos atualmente é o facto de os alimentos serem baratos e acessíveis. É por isso que mais de 30% dos produtos perecíveis contribuem para a maior proporção de resíduos gerados no estado de Lagos (KPMG, 2015) devido à indisponibilidade de instalações de armazenamento adequadas. A deterioração dos produtos perecíveis é causada pela temperatura elevada e por uma técnica de conservação inadequada, o que faz com que o tempo de vida do produto, tal como os produtos perecíveis, se enquadre na categoria de tempo de vida curto e pode deteriorar-se facilmente se não for conservado ou consumido a tempo.

2.1.2 Produtos domésticos e não perecíveis

Estes tipos de bens ou produtos que pertencem a estas categorias específicas incluem champô para o cabelo, pasta de dentes, sabonetes de uso doméstico, fragrâncias e maquilhagem. Para além das razões habituais de se tratar de uma necessidade diária para todos, a maioria destes produtos constitui a maior percentagem de resíduos de papel em Lagos devido à embalagem. A maior parte destes produtos é apresentada em vários tipos e formas e uma das razões é que a maioria dos residentes de Lagos está disposta a aparecer e a gastar grandes percentagens dos seus salários em produtos de beleza. De acordo com um relatório do Euro monitor International, que explicou que a dimensão da indústria da beleza no Médio Oriente, África e África Ocidental foi estimada em 20,4 mil milhões de dólares em 2011-2012 (cerca de 4,9% do total global), enquanto a África do Sul contribui apenas com 3,9 mil milhões de dólares. Na África Subsariana, a Nigéria e o Quénia têm a segunda e terceira maiores indústrias de produtos usados em casa, que podem ser classificados como produtos de longa duração e, por isso, não necessitam de quaisquer formas especiais de preservação. À escala global, no estado de Lagos, os produtos de higiene pessoal representam um total de vendas de cerca de 30%, os cuidados com o cabelo e com a pele contribuem com mais 20% e a maquilhagem e as fragrâncias com 10% cada como produtos de uso doméstico (KPMG, 2015).

2.2 Termos utilizados na gestão de resíduos

2.2.1 Gestão de resíduos

A gestão de resíduos envolve a recolha, o transporte, o processamento, a reciclagem e/ou a eliminação de resíduos produzidos por actividades humanas e é geralmente realizada para minimizar os seus efeitos no ambiente, na estética e na saúde humana (Waste Management Resources , 2009).

2.2.1.1 Resíduos líquidos

Os resíduos líquidos referem-se a materiais residuais que contêm fluidos, tais como águas residuais de indústrias, residências, esgotos e lixiviados de aterros sanitários ou pilhas de lixo (VIWMA, 2011).

2.2.1.2 Resíduos sólidos

Os resíduos sólidos são produtos biodegradáveis e não biodegradáveis das actividades humanas considerados inúteis, mas que podem passar por um processo de eliminação ou de recuperação de recursos. Podem assumir a forma de resíduos, lixo e lamas. (Leton et al, 2004) .

2.2.2 Resíduos sólidos urbanos

Trata-se de resíduos gerados por diferentes sectores de uma sociedade, como os agregados familiares, as instituições de ensino, de saúde e comerciais, os locais públicos, etc., e que são tratados direta ou indiretamente pelas autoridades municipais ou locais (williams, P T, 2005) . Os RSU são produzidos em zonas urbanas e contêm frequentemente uma mistura de conteúdos orgânicos e inorgânicos.

Estes raramente são os mesmos para diferentes áreas devido a factores que vão desde o nível de vida e hábitos dos residentes até às condições climáticas e recursos existentes em cada localização geográfica.

2.2.3 Gestão de resíduos e desenvolvimento sustentável

Trata-se de uma utilização judiciosa e sensata dos recursos, é também a capacidade de poder continuar indefinidamente um determinado comportamento definido (Brundland, 1987), de modo a que a sua utilização não seja nem demasiado rápida nem demasiado lenta e possa garantir que a riqueza natural possa ser convertida em recursos a longo prazo. O desenvolvimento sustentável é o desenvolvimento que implica a utilização dos recursos sem pôr em causa o desenvolvimento das gerações futuras. (Brundland, 1987)

2.2.4 Sustentabilidade ambiental

Refere-se ao rácio entre os recursos renováveis que são colhidos e o esgotamento dos recursos não renováveis que podem continuar sem fim. Se os recursos naturais puderem ser sustentados, a continuidade será possível. No contexto deste trabalho de investigação, a sustentabilidade ambiental é agrupada nas 3 categorias que se seguem.

1. **Recursos renováveis:** é efectuada de forma a que a taxa de colheita não seja superior à taxa de regeneração (rendimento sustentável),

2. **Relativamente à poluição:** Isto implica taxas de produção de resíduos de uma determinada atividade que não devem exceder a capacidade do próprio ambiente (eliminação sustentável de resíduos)

3. Para os recursos não renováveis: a taxa de esgotamento dos recursos não renováveis deve poder ser substituída por um desenvolvimento que incentive os recursos renováveis, como a reflorestação, que deve ser igual à desflorestação.

2.3 Gestão sustentável dos resíduos sólidos urbanos

Isto implica o manuseamento adequado dos resíduos, desde a recolha, transporte, tratamento e eliminação, de forma a garantir a segurança contínua do público e do ambiente (Adewole T, 2009).

2.3.1 Reciclagem

A reciclagem é um método de sistema de gestão de resíduos sólidos que é ambientalmente mais desejável, de acordo com (Ruzi J A, 2001). A reciclagem é a transformação de materiais usados em novos produtos, a fim de reduzir o consumo de matérias-primas frescas, reduzir o consumo de energia, reduzir a poluição atmosférica (que pode ser causada pela incineração) e a poluição da água causada pelo aterro, reduzindo a necessidade de métodos de eliminação de resíduos normalmente utilizados, ao mesmo tempo que reduz as emissões de gases com efeito de estufa. (Ruzi J A, 2001).

2.3.2 Reciclagem

Esta é descrita como uma atividade de reutilização de um material sem degradação, reduzindo o valor, a qualidade e a composição do material para a sua próxima utilização. Um bom exemplo disso são as garrafas de plástico, que são recicladas, mas que, na maior parte das vezes, não podem ser reutilizadas nos seus recipientes anteriores nem associadas a algo que possa ser ingerido. É diferente no sentido em que estes materiais podem eventualmente transformar-se em lixo, enquanto a reciclagem apenas prolongou o tempo de vida, o que é inevitável ao alargar o fluxo de resíduos e também tornou os custos do ciclo de vida do material um pouco menores, como se pode ver nas figuras 2a e 2b) (Gunter Pauli, 2010).

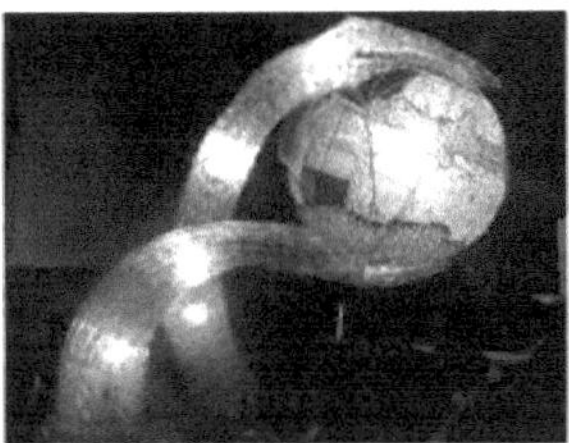

Fig 2(a)   Fig 2(b)

Figura 2: Exemplos de Upcycling no Estado de Lagos.

2.3.3 A principal diferença entre Upcycling e Reciclagem

As principais diferenças entre a reciclagem e o upcycling residem no facto de a reciclagem ser o primeiro passo para alcançar uma solução sustentável de práticas de gestão de resíduos que podem eventualmente reduzir a quantidade de materiais novos e virgens que têm de ser produzidos a partir da terra, enquanto o upcycling consiste na reutilização de um material ou produto já utilizado sem degenerar a composição e a qualidade do artigo para a sua utilização futura (Gunter Pauli, 2010).

Fig 3a

Fig 3b

Fig 3c

Figura 3: Exemplos de materiais reciclados
Fonte: http://www.wintergardenz.co.nz

2.3.4 Compostagem

A compostagem é um método de conversão de resíduos orgânicos de aterros sanitários, criando um produto, a custos relativamente baixos, que é adequado para fins agrícolas (Wolkowski, 2003). A compostagem em linhas de vento é a menos dispendiosa e pode ser a mais adequada devido à sua importância socioeconómica e climática (Olanrewaju et al, 2009). Este tipo de compostagem envolve a colocação da mistura de matérias-primas preparada em pilhas longas e estreitas de linhas, normalmente designadas por linhas de vento.

2.4 Conceitos de gestão de resíduos

Existem diferentes conceitos de gestão de resíduos, cuja utilização varia consoante os países. Alguns dos conceitos mais utilizados incluem:

• **Hierarquia dos resíduos:** A hierarquia de resíduos, que se refere aos "4 Rs", reduzir, reutilizar, reciclar e recuperar, continua a ser uma pedra angular para classificar as estratégias de gestão de resíduos de acordo com o grau de minimização dos resíduos (Jagbir Singh, A.L. Ramanathan, 2010). O principal objetivo da hierarquia de resíduos é garantir que os benefícios máximos sejam extraídos dos produtos, o que garante a geração mínima de resíduos.

• **Responsabilidade alargada do produtor (EPR):** Esta estratégia promove a incorporação do custo ambiental e do fim de vida dos resíduos produzidos por um produto no mercado (cálculos de custos da responsabilidade do produtor), e também determina o preço dos produtos (The Organisation for Economic Coorperation, 1999). A responsabilidade alargada do produtor garante que o produtor é responsável não só até vender o produto, mas durante todo o ciclo de vida do produto e também na embalagem do produto. Os fabricantes, importadores e/ou vendedores de produtos devem ser responsáveis pela gestão financeira, física e técnica dos resíduos produzidos por esses produtos.

A principal preocupação do fabricante do produto deve ser o fim da vida útil do produto. Isto pode ser feito através da recolha dos resíduos e da sua gestão através da reutilização, reciclagem ou produção de energia, ou transferindo esta responsabilidade para uma organização diferente, designada Organização de Responsabilidade do Produtor (ORP), que é paga pelo produtor pela gestão dos resíduos. Desta forma, a REP transfere a responsabilidade pela gestão dos resíduos do governo para as indústrias privadas, garantindo que os produtores, importadores e/ou vendedores incluam os custos de gestão dos resíduos (Leton et al, 2004).

Princípio do poluidor-pagador (PPP): Esta política ambiental coloca a responsabilidade dos danos causados ao ambiente natural na parte que causa a poluição e é obrigada a pagar pelos danos (World we want and friends, Berlim 2014). Em termos de gestão de resíduos, isto exige que o gerador de resíduos pague pela eliminação adequada dos resíduos e também envolve a cobrança de uma multa sobre o poluente acompanhante ou qualquer pessoa que esteja ciente do ato de dano ao meio ambiente naquele momento específico, o que o torna diferente do princípio da responsabilidade alargada do produtor (EPR), onde o fim da vida de um produto é a principal responsabilidade do produtor de um produto.

• **Zero resíduos:** O desperdício zero tem como objetivo expandir as ideias actuais de reciclagem e reciclagem na sociedade, a fim de formar um sistema circular em que os resíduos são frequentemente reutilizados, tal como acontece na natureza (Sakai T. Yoshioka I H , 2016)

2.5 Sistema global de gestão de resíduos sólidos

Um sistema abrangente de gestão de resíduos sólidos, tal como apresentado por (Diaz et al, 2005), inclui algumas das seguintes políticas (regulamentos) sobre gestão de resíduos que são da responsabilidade das agências governamentais:

• Criar e aplicar regulamentos para atingir os objectivos estabelecidos em matéria de gestão de resíduos;

• Os conceptores de sistemas e as partes interessadas devem ser envolvidos no planeamento e na avaliação das actividades municipais;

• Os sistemas de gestão devem ser ajustados ao tipo de resíduos produzidos após a realização de estudos de caraterização dos resíduos;

• Os materiais recuperados dos resíduos devem ser comercializados a corretores ou utilizadores finais para outros fins;

• Organização de programas de formação para trabalhadores da gestão de resíduos;

- Sensibilizar e educar o público para as questões da gestão de resíduos;
- Estabelecer mecanismos financeiros e sistemas de recuperação de custos;
- Incorporar o sector privado, os empresários, os colectores e transformadores do sector informal na gestão dos resíduos.

2.6 A hierarquia da gestão de resíduos sólidos

A hierarquia é considerada uma das bases importantes dos sistemas de gestão de resíduos sólidos urbanos e tem sido popularmente adoptada para o desenvolvimento de políticas relacionadas com a gestão de resíduos, tanto a nível regional como nacional, especialmente nos países desenvolvidos (PNUA, 2005a). A hierarquia da gestão de resíduos definida pelos 4Rs - reduzir, reutilizar, reciclar e recuperar - estratifica as opções de gestão de resíduos e centra-se na utilização máxima dos recursos com a produção mínima de resíduos resultantes, de acordo com (PNUA, 2005b). Uma versão alargada da hierarquia de gestão de resíduos, por ordem de preferência, inclui: prevenção/redução de resíduos, reutilização, reciclagem/compostagem, recuperação de energia e, finalmente, deposição/eliminação em aterro.

A hierarquia de gestão de resíduos, tal como apresentada por (Diaz et al, 2005), é apresentada na figura seguinte.

Figura 4: Hierarquia de gestão de resíduos sólidos
Fonte: http://www.zerowaste.sa.gov.au

A hierarquia é um instrumento importante na elaboração de políticas para a conservação dos recursos, a escassez de aterros, a redução da poluição do ar e da água e a proteção da saúde e da segurança do público (Diaz et al, 2005).

2.6.1 Prevenção e redução de resíduos

Refere-se a medidas tomadas antes de uma substância, material ou produto se tornar um resíduo, que diminuem a quantidade de resíduos produzidos através da reutilização de produtos ou do prolongamento do tempo de vida dos produtos ou da substituição de determinados compostos (Diretiva-Quadro da UE relativa aos Resíduos, 2008). Uma das formas mais eficazes de reduzir os resíduos no nosso ambiente é inspecionar a fonte de produção em vez de gerir as consequências do excesso de produção. Na sua essência, a redução eficaz dos resíduos na fonte baseia-se em factores que incluem a adoção de práticas adequadas, ajustamentos na utilização de matérias-primas, bem como na tecnologia e no processo de produção. A nível doméstico, isto incluiria a tomada de decisões adequadas na gestão de um produto doméstico (williams, P T, 2005). A prevenção/redução de resíduos traduz-se em comprar apenas o que é necessário num determinado momento e maximizar a sua utilidade (williams, P T, 2005) . Segue-se uma figura (5) que ilustra melhor as técnicas de minimização de resíduos.

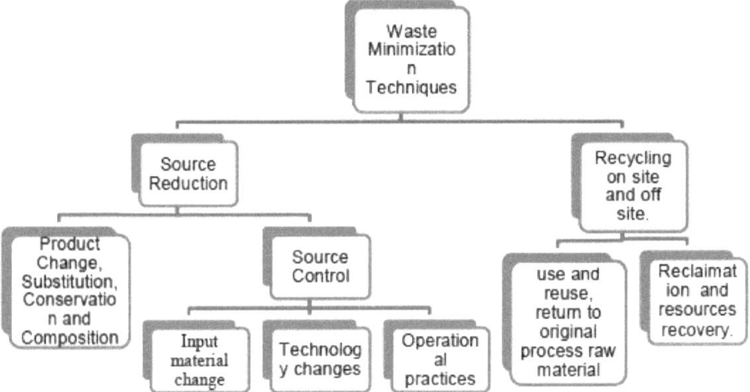

Figura 5: Técnicas de minimização de resíduos.

Fonte: Ambiente mais seguro 2009.

2.6.1.1 Reutilização

A segunda melhor opção para a gestão de resíduos sólidos segundo a hierarquia é a reutilização, que engloba a utilização de um artigo após a sua utilização inicial, quer para um fim semelhante àquele a que se destina, quer para um fim totalmente novo. Um exemplo disto é a reutilização de copos de bebidas ou de sacos de plástico das lojas (williams, P T, 2005).

A redução dos resíduos sólidos estende-se, assim, à reutilização, uma vez que retarda a entrada de um artigo no fluxo de resíduos e também evita o número de artigos que acabam por se tornar resíduos (Comissão Europeia, 2010). Por exemplo, se forem necessários 20 joules de energia para a produção de um novo saco de plástico, serão necessários 18 joules de energia se for necessário produzir outro produto a partir de um produto usado, e vice-versa, o que significa que foram poupados 2 joules de energia, como resultado, os materiais primários e a energia necessários para a produção de artigos serão reduzidos, mas isto também significa que os artigos têm de ser reforçados em termos de qualidade para poderem ser utilizados mais do que uma vez. (williams, P T, 2005).

2.6.1.2 Reciclagem

Os materiais dos RSU que surgem na sequência do consumo podem ser recuperados e transformados em artigos úteis, tendo em conta a relação custo-eficácia, a possibilidade de comercialização e o impacto ambiental que possam ter (williams, P T, 2005). O processo de reciclagem inclui a recolha, a separação e o tratamento dos resíduos com valor produtivo (Pattnik, S, e Reddy v, 2010), uma vez que as fracções inorgânicas dos RSU (papel, metal, plástico, vidro) podem ser recicladas (williams, P T, 2005). Os recursos energéticos utilizados durante este processo de reciclagem, bem como a poluição resultante, devem ser mínimos em comparação com a utilização de material de produção fresco.

Nalgumas regiões desenvolvidas do mundo, as actividades de reciclagem têm sido consideradas bastante elevadas. As taxas na Alemanha e na Áustria, por exemplo, ultrapassam os 25%, sendo que a Áustria tem mantido taxas de compostagem de cerca de 40% desde o início dos anos 90 (EEA, 2007) e o Brasil tem taxas de recuperação de materiais tão elevadas como aproximadamente 41% (Troschinetz A,M e Mihelcic, J,R, 2008). Na maioria dos países em desenvolvimento, as taxas de reciclagem são baixas e dominadas pela recuperação descontrolada de materiais inorgânicos pelo sector não formalizado constituído por catadores (UNEP, 2005a).

2.6.2 Compostagem

Os componentes orgânicos dos RSU (ou seja, resíduos de origem alimentar e de jardim) são considerados materiais de compostagem úteis (williams, P T, 2005). A compostagem é um processo que pode reduzir os RSU numa média de quase 68% do seu volume original (Sharholy et al, 2007).

O processo foi definido como a: "decomposição de resíduos sólidos biodegradáveis em condições aeróbias controladas até um estado que é eficientemente estável para armazenamento e manuseamento e está suficientemente amadurecido para uma utilização adequada na agricultura" (PNUA, 2005a). O produto final, o composto, pode ser utilizado no acondicionamento de solos destinados a fins agrícolas; a sua utilização desta forma dá ao solo uma fonte estável de nutrientes (azoto, potássio e fósforo) que é gradualmente aproveitada, e ajuda a sua capacidade de retenção de água. A utilidade do composto também se estende ao material de cobertura para aterros sanitários, bem como ao material para recuperação de terras de actividades mineiras e incidentes de erosão (Ali M, 2004) (PNUA, 2005b). Em termos de redução da quantidade de resíduos que acabam em locais de eliminação de resíduos sólidos, a compostagem é considerada uma opção mais viável e sustentável para os países em desenvolvimento devido à elevada fração orgânica dos resíduos produzidos (Troschinetz, A.M e Mihelcic, J.R, 2008) e às limitações de recursos nesses países (PNUA, 2005a).

2.6.3 Compostagem aeróbia

A compostagem aeróbia consiste em três fases, nomeadamente: pré-processamento, biodegradação aeróbia e fase de maturação.

A fase de pré-processamento consiste na trituração da fração orgânica separadamente e os outros materiais residuais são também separados em diferentes segregações, como o vidro, etc. A segunda fase é designada por processo de arejamento, que permite a ocorrência de bio-deterioração. São vários os métodos utilizados para arejar os resíduos.

O método das fileiras de vento consiste em empilhar os resíduos em montes alongados com 50 m de comprimento, 2 m de altura e 3-4 m de largura. Normalmente, estes montes são revolvidos mecanicamente todos os dias, durante o tempo inicial programado, e depois disso diminuem com uma frequência decrescente. A utilização de composto como solo serve como condicionador e tem vários benefícios ambientais.

Em primeiro lugar, substitui a turfa na horticultura e também serve como jardinagem para a subsistência. Este processo de compostagem transforma em nutrientes para o solo os resíduos que deveriam ir para as lixeiras. No entanto, o fabrico e a utilização de composto podem também ter impactos ambientais negativos.

2.6.4 Impacto ambiental da água de compostagem

A hidrologia das águas superficiais pode ser afetada durante todas as fases das operações de compostagem de resíduos orgânicos. As actividades de construção e a preparação dos locais podem provocar a compactação dos solos e aumentar a capacidade das superfícies de serem impermeáveis ou lentamente permeáveis. Subsequentemente, o aumento do escoamento superficial pode, por sua vez, aumentar a erosão do solo e o risco de inundações. Os drenos de superfície construídos para evitar o encharcamento do solo através do desvio do escoamento e da distribuição da água podem aumentar o risco de inundação. As captações de águas superficiais para embeber matéria verde, como folhas e galhos, podem contribuir para fluxos baixos em riachos próximos. As unidades de compostagem bem geridas geram iões que contribuem para a eutrofização das águas superficiais. As actividades de compostagem centralizada podem ter impactos significativos na hidrologia e na qualidade das águas subterrâneas. (Orientações sobre a delimitação do âmbito da versão, 2001).

2.6.4.1 Terrenos

A compostagem de resíduos orgânicos tem implicações na absorção de nutrientes do solo, nas caraterísticas físicas e na utilização das terras do sítio. Além disso, é considerado o efeito da alteração da utilização do solo sobre o carácter da paisagem, a construção de leiras (grandes pilhas de composto alongadas), recintos de compostagem e outras estruturas. alterações na estrutura e composição do solo resultantes do aumento da atividade biológica ao nível do perfil do solo. (Orientações sobre a delimitação do âmbito da versão, 2001).

2.6.4.2 Ecologia

A remoção da vegetação nativa e a sua substituição por uma unidade de compostagem comercial pode causar danos diretos ou a perda de habitats terrestres e aquáticos e perturbações para a vida selvagem local. A utilização de água para embeber os resíduos de vegetação seca antes do processo de compostagem pode agravar os períodos de baixo caudal nos cursos de água em alturas sensíveis, afectando os sistemas aquáticos e as espécies que deles dependem, como as lontras, os guarda-rios ou as aves selvagens. Os impactos ecológicos podem ser mais prolongados, uma vez que as populações levam tempo a responder às alterações ambientais (desfasamento temporal). Este facto pode reduzir a biodiversidade, provocando a extinção de algumas espécies.

(Orientações sobre a delimitação do âmbito da versão, 2001)

2.6.5 Incineração

Os resíduos sólidos urbanos contêm componentes orgânicos que são degradáveis. A energia pode ser obtida através da incineração de resíduos ou da combustão de gases de aterro, que podem ser utilizados para gerar energia eléctrica (a partir de vapor em condições térmicas elevadas) ou produzir calor ou frio para edifícios através de caldeiras (williams, P T, 2005). Assim, o processo de conversão de resíduos sólidos de natureza orgânica noutras formas úteis, como gás, calor, vapor e resíduos de cinzas, através da combustão, é designado por incineração e este processo é realizado em locais frequentemente designados por centrais de valorização energética de resíduos (WtE) (Magutu P O, e Onsongo, C.O, 2011).

Uma das principais vantagens deste método de eliminação de resíduos é o facto de poder reduzir o volume de resíduos em cerca de 70%, minimizando assim a quantidade de resíduos eventualmente enviados para o aterro. Para os países com problemas de espaço terrestre, por exemplo, o Japão e Singapura, a incineração é uma opção popular de eliminação de resíduos (Sharholy et al, 2007) (Magutu P O, e Onsongo, C.O, 2011). Além disso, após a introdução de proibições e impostos sobre os aterros no que diz respeito aos biodegradáveis, países como a Suécia e a Dinamarca na União Europeia (UE) têm sido relatados como os mais activos na utilização da incineração para a eliminação de RSU (EEA, 2007). De acordo com (williams, P T, 2005), a produção simultânea de calor e energia (produção combinada de calor e energia) a partir de gás de aterro e da incineração permite uma recuperação óptima de energia a partir de resíduos (orgânicos).

2.6.6 O processo biológico

O material de entrada é digerido através de hidrólise bacteriana para quebrar os polímeros orgânicos insolúveis, como os hidratos de carbono, e torná-los disponíveis para outras bactérias. As bactérias ácido-génicas convertem então os açúcares e os aminoácidos em dióxido de carbono, hidrogénio, amoníaco e ácidos orgânicos. (Shefali Verma , 2002).

2.6.6.1 Digestão anaeróbia

A digestão anaeróbia envolve a decomposição de material biodegradável na ausência de oxigénio por microrganismos, através de uma variedade de processos. Um dos produtos finais é o biogás, porque contém uma elevada proporção de metano, que é utilizado para gerar eletricidade e também pode ser utilizado para produzir gás natural renovável e combustíveis para os transportes. Um dos tipos de tecnologias de digestão anaeróbia envolve a conversão de estrume animal, gorduras, óleos e gorduras (FOG), águas residuais municipais, resíduos alimentares, águas residuais industriais de alta resistência e muitos fluxos de resíduos orgânicos em composto, como nutrientes e fertilizantes que podem ser utilizados para fins agrícolas.

(Shefali Verma , 2002).

2.6.7 Deposição em aterro

A deposição em aterro envolve a eliminação de resíduos numa área de terra específica com o objetivo de evitar que esses resíduos tenham um impacto negativo no ambiente (Narayana, 2009). Um marco na estratégia da UE para a gestão de resíduos foi o desenvolvimento da diretiva 1999/31/CE relativa à deposição de resíduos em aterros (AEA, Diverting waste from landfill, Effectiveness of Waste Management Policies in the European Union, 2009). A diretiva relativa à deposição em aterro tem as suas raízes na hierarquização das opções de gestão de resíduos - dando a máxima preferência a outras opções. A deposição em aterro tem a menor prioridade (Bogner et al, 2007). Tendo em conta que a deposição em aterro pode ter um impacto no ambiente através das emissões de gases com efeito de estufa (GEE) e de outras formas de poluição (através do solo, das águas superficiais e subterrâneas) e que a inadequação do espaço pode constituir um desafio, a diretiva relativa aos aterros desencoraja uma forte dependência desta opção (AEA, Diverting waste from landfill, Effectiveness of Waste Management Policies in the European Union, 2009).

Apesar de ser considerada a opção menos desejável, é a abordagem mais utilizada a nível mundial para a eliminação de resíduos. A estrutura dos aterros varia entre aterros sanitários, aterros semi-controlados e lixeiras não controladas ou a céu aberto (Remigios M.V, 2010). **Os aterros sanitários** são concebidos de forma a garantir o mínimo impacto dos resíduos depositados no ambiente. Estão estruturados para a contenção e o tratamento dos lixiviados, bem como para a gestão dos gases com efeito de estufa (dióxido de carbono e metano), que são produzidos em caso de decomposição dos resíduos (Remigios M.V, 2010). De um modo geral, na América do Norte e em países como a Austrália e a Nova Zelândia, a opção mais utilizada para a eliminação de resíduos em grande escala continua a ser a deposição em aterro (Bogner et al, 2007). Para os países asiáticos altamente industrializados, como Singapura, onde o espaço para a deposição em aterro é um desafio, esta opção só é utilizada quando outros meios de eliminação de resíduos não são viáveis (Zhang, D., Keat, T. S., e Gersberg, R. M. , 2009).

Nos **aterros semi-controlados**, os resíduos são compactados e cobertos com solo superficial, mas não existem estruturas de contenção dos lixiviados e dos gases com efeito de estufa, bem como dos tipos de resíduos depositados (*Narayana, 2009*). O **despejo não controlado/aberto** é o meio preferido de eliminação de resíduos sólidos na maioria dos países do continente africano, como a Nigéria. Trata-se da eliminação de resíduos em terrenos abertos e não estruturados, sem ter em conta o impacto ambiental (Remigios M.V, 2010).

2.7 Gestão de resíduos sólidos na Nigéria

A eliminação de resíduos sólidos tornou-se um grave problema ambiental com que se deparam muitas cidades na Nigéria, uma vez que não existe um plano de gestão de resíduos adequado e eficaz, tal como uma rotina adequada para a eliminação de resíduos. A falta de um sistema adequado de gestão de resíduos sólidos deu origem a lixeiras, que se encontram em vários locais inestéticos das zonas urbanas. Muitas cidades nigerianas não dispõem de sistemas eficazes de gestão de resíduos, o que leva a maioria das famílias urbanas a despejar e enterrar resíduos sólidos de forma perigosa. A gestão dos resíduos urbanos é geralmente da responsabilidade do governo local (terceiro nível de governo), mas devido aos seus enormes fracassos, a maioria dos governos estatais assumiu a tarefa através da criação de agências estatais de ambiente e saneamento (Olanrewaju, O.O e Ilemobade, A.A, 2009).

As principais fases da gestão de resíduos são;

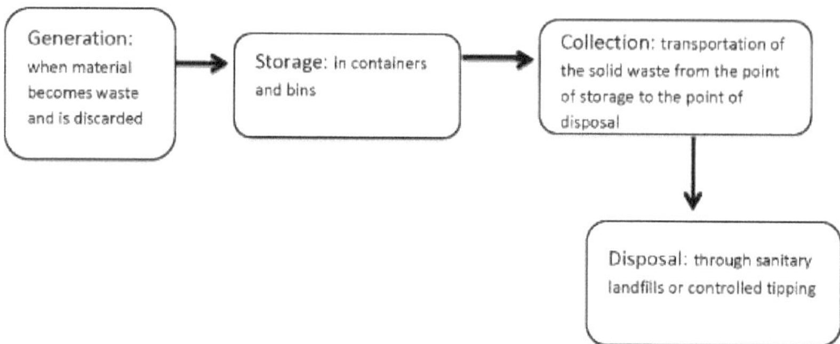

Figura 6: Etapas da gestão de resíduos sólidos
Fonte: *(Jagbir Singh, A.L. Ramanathan, 2010)*

É um facto conhecido que a recolha e eliminação de resíduos sólidos é um problema ambiental e de saúde importante e que as actividades de redução, reutilização ou reciclagem de resíduos não tiveram uma implementação generalizada na Nigéria por várias razões. Inicialmente, as pessoas não estavam informadas sobre a importância e os benefícios de minimizar os resíduos, nem tinham qualquer experiência de reutilização de materiais recuperados ou reciclados. A maioria das pessoas não queria pagar pelos serviços de eliminação e algumas até acreditavam que a reutilização ou reciclagem destes resíduos não era benéfica para elas.

Os principais factores dos problemas dos resíduos sólidos na Nigéria têm sido atribuídos à elevada população, à pobreza e ao aumento da urbanização, agravados por infra-estruturas fracas e subfinanciadas (Walling, et al, 2004). A gestão dos resíduos sólidos nas cidades nigerianas representa um sério desafio devido à ausência de tecnologias e de uma cultura de gestão de resíduos organizadas e adequadas, em resultado da instabilidade política, de questões financeiras, de restrições tecnológicas e de uma deficiente aplicação das políticas (Omisore E. O. e Akande C. G., 2003). Na maioria das cidades da Nigéria, como o estado de Lagos, há um exercício de limpeza, geralmente uma vez por mês, que é obrigatório para todos os residentes da comunidade participarem no exercício de saneamento geral da comunidade, mas o problema do tratamento de resíduos e da eliminação eficiente ainda persiste, com os resíduos transportados de pontos de recolha específicos a serem abertamente queimados em aterros sanitários. Nas zonas rurais, o lixo é composto principalmente por resíduos agrícolas, restos de comida, folhas e papel, que são normalmente amontoados na base das árvores ou depositados em locais específicos. As mulheres da comunidade são responsáveis pela gestão dos resíduos em locais públicos como o mercado, (Ugwu, S. O et al, 2008).

O cenário da produção de resíduos na Nigéria tem sido motivo de grande preocupação a nível global e local, o que tem representado um desafio a nível estatal para a agência de proteção ambiental de vários estados (Ogwueleka, 2009) porque não existe um método de tratamento adequado disponível para além do método tradicional normal que é a queima de resíduos. Verifica-se um aumento rápido do volume de resíduos sólidos produzidos, devido ao aumento da população, e as agências não são capazes de melhorar os recursos técnicos necessários, uma vez que não existem fundos para apoiar a realização de uma gestão sustentável dos resíduos. (Geoffrey, 2005) As taxas de produção de resíduos na Nigéria variam entre 0,46 kg/cap/dia e 0,64 kg/cap/dia nos bairros de lata de Lagos (Ogwueleka, 2009), em comparação com 0,7-1,8 kg/cap/dia produzidos em países desenvolvidos como a Alemanha.

A gestão dos resíduos sólidos na Nigéria é afetada por métodos de recolha ineficazes, como a inexistência de veículos de transporte de resíduos adequados que transportem os resíduos produzidos para o aterro. (Ogwueleka, 2009). Isto é evidente na má gestão de muitos aterros, na poluição do solo e das águas subterrâneas causada pela mistura de resíduos domésticos, industriais e tóxicos (UNEP, 2000). Os resíduos de matadouro provenientes do abate e dos locais de preparação são lavados, sem tratamento, para esgotos a céu aberto. Os lixiviados dos processos de decomposição destes resíduos podem produzir agentes patogénicos que penetram nas águas superficiais e nos aquíferos subjacentes para poluir os poços escavados à mão, que servem de água potável para os talhantes e as pessoas da vizinhança (Ogbonnaya Chukwu, 2011). Enquanto algumas pessoas utilizam os riachos para transportar os seus resíduos para longe da vista, outras despejam diretamente os seus resíduos sólidos nas bermas das estradas e, na maior parte da Nigéria, os resíduos são frequentemente queimados (Igoni, 2007). Muitos nigerianos consideram que é uma forma barata de eliminar os seus resíduos, incendiando a composição mista num pequeno canto do seu quintal ou num local público desocupado. Os serradores queimam os resíduos de madeira, enquanto esperam que as chuvas fortes transportem as cinzas para longe. Esta situação tem provocado o entupimento dos canais de drenagem e a libertação de gases tóxicos, especialmente quando são queimados resíduos electrónicos (Folorunso, 2001). Os catadores registaram vários casos de doenças devido às emissões gasosas e à inalação de fumo dos resíduos queimados nas lixeiras (Oyelola, OT Babatunde, Al Odunlade, AK , 2009).

As autoridades locais do estado de Lagos gastam 40-50% das suas receitas na recolha de resíduos (Ogwueleka, T.C., 2003), o que equivale a cerca de 40 mil milhões de nairas, ou seja, 113 milhões de euros, mas apenas 30-50% dos resíduos sólidos urbanos (RSU) podem ser recolhidos devido à falta de estrutura do sistema implementado no estado. Enquanto os países desenvolvidos iniciaram um ambicioso programa de reformas ambientais e fizeram grandes progressos na gestão sustentável dos resíduos e nas melhores práticas. (Simoen Afun, 2010).

A reciclagem de materiais inclui a reciclagem de objectos como o papel, o plástico, o vidro e os metais, que são considerados como tendo valor de mercado. Esta operação é normalmente efectuada por catadores, que separam estes resíduos reutilizáveis dos outros tipos de resíduos.

Esta operação é geralmente efectuada na fonte ou em aterros e depois vendida ao utilizador final que dela depende como fonte de matéria-prima. (Ugwu, S. O et al, 2008). Não existem programas formais de reciclagem na Nigéria (Ogwueleka, T.C., 2003) nem uma política de compostagem. As poucas operações de reciclagem que existem são levadas a cabo pelo sector informal. Na maior parte dos grandes mercados, os catadores recolhem os resíduos por uma taxa que varia entre 500-

1000 nairas, o equivalente a 5-10 euros, e recuperam os materiais que merecem ser reciclados antes de os eliminarem. Cerca de 60% dos resíduos recolhidos no estado de Lagos são resíduos orgânicos e apenas 8% são recuperados para reutilização (Chima U.D., Ofodile E.A.U. e Okorie M.C.F., 2013).

Apesar destas limitações da gestão de resíduos sólidos em Lagos, foram feitos progressos significativos em várias áreas. Foram criadas unidades de compostagem e de reciclagem de plásticos no estado de Lagos, uma unidade de reciclagem de resíduos de matadouros situada no matadouro de Agege, no estado de Lagos. Além disso, foi recentemente inaugurada uma unidade de reciclagem de resíduos orgânicos na autarquia local de Ikorodu, todas baseadas em tecnologia local (Ugwu, S. O et al, 2008).

Para transformar os resíduos em ideias no estado de Lagos, a hierarquia de gestão de resíduos deve ser o elemento-chave fundamental para a política nacional de gestão integrada de resíduos sólidos. Lagos, tal como a maioria das cidades em desenvolvimento, deposita os resíduos em lixeiras a céu aberto e em aterros não controlados, onde a recolha de resíduos é organizada. As lixeiras são criadas ao longo das estradas principais e este não é um método ambiental de eliminação viável a longo prazo. Há muitos perigos envolvidos no despejo de resíduos a céu aberto na rua ou em áreas residenciais, tais como a poluição das águas subterrâneas, a propagação de doenças, o fumo tóxico de incêndios, o perigo para a saúde dos catadores no local da lixeira e os odores dos resíduos em decomposição que afectam os residentes da comunidade onde a lixeira está localizada. Existem várias formas de eliminação de resíduos, mas o aterro sanitário é a única técnica aplicável que pode ser utilizada no estado de Lagos devido à falta de instalações tecnológicas adequadas e de mão de obra qualificada. Além disso, a opção de eliminação em terra é a mais adequada para o estado de Lagos porque permite um controlo eficaz das emissões e da contaminação das águas superficiais e subterrâneas. O aterro sanitário requer um investimento inicial elevado e, por conseguinte, custos de funcionamento mais elevados do que as lixeiras controladas. Atualmente, a incineração, que significa a combustão de resíduos a alta temperatura, e a valorização energética dos resíduos (WTE) são praticadas apenas nos sectores médicos no estado de Lagos, como os hospitais. Os resíduos médicos são incinerados em pequena escala, o que se deve ao facto de os custos de construção e manutenção das instalações de incineração serem demasiado elevados para cidades como o Estado de Lagos e de a incineração exigir um controlo rigoroso dos fumos tóxicos e a eliminação dos resíduos tóxicos (cinzas) em aterros sanitários.

Os resíduos caraterísticos da maior parte das cidades de Lagos contêm tanta humidade que é necessário adicionar combustível para manter a combustão. O baixo valor calorífico e os baixos componentes combustíveis dos resíduos sólidos no estado tornam a incineração antieconómica (Ogwueleka, T.C., 2003). Este facto sugere que a digestão anaeróbia pode ser uma alternativa viável de recuperação. Nas zonas rurais, os alimentos provenientes dos resíduos domésticos são dados aos animais, alguns são compostados em casa e utilizados como fertilizante para o solo. Os resíduos podem ser convertidos em composto ou utilizados para gerar biogás. Não existem programas de compostagem em grande escala na Nigéria, mas há esforços de compostagem no quintal.

As autoridades que se ocupam principalmente da gestão de resíduos sólidos no estado de Lagos são o Ministério do Ambiente e do Planeamento Físico, as Câmaras Municipais, a Agência Ambiental do Estado de Lagos e a Autoridade de Gestão de Resíduos do Estado de Lagos - LAWMA (Kofoworola, O, 2007). A história da gestão sustentável dos resíduos no estado de Lagos começou nos anos 70, quando foi criada a Lagos State Refuse Disposal Board (Igbinomwanhia, 2011). A Autoridade de Gestão de Resíduos do Estado de Lagos (LAWMA), criada em 1991, é atualmente responsável pela recolha e eliminação dos resíduos urbanos e industriais no estado. Foi fundada com base na constatação, por parte do Governo do Estado, de que era necessário gerir os resíduos de uma forma mais eficiente, que incluísse não só a recolha e a eliminação, mas também a gestão dos resíduos (Lawal, M, 2010).

Estudos anteriores revelaram ineficiências no sistema de gestão de resíduos sólidos urbanos de Lagos, que incluem a indisponibilidade de veículos de recolha para a recolha de resíduos e o transporte para as lixeiras, problemas de administração que incluem a falta de um quadro institucional forte, financiamento inadequado (Adewole T, 2009). Além disso, os hábitos insalubres dos habitantes em matéria de eliminação de resíduos, a falta de disposição dos funcionários da gestão de resíduos para trabalhar, o aumento contínuo da população do Estado, as práticas corruptas e a falta de uma definição adequada do papel das agências relacionadas são alguns dos problemas que estão a ser enfrentados na gestão dos resíduos sólidos em Lagos (Lawal, M, 2010). A autoridade de gestão de resíduos LAWMA enfrenta desafios como a falta de ferramentas de trabalho adequadas, tais como veículos de recolha e transporte, trabalhadores qualificados e semi-qualificados no manuseamento e tratamento de resíduos, falta de fundos e dados insuficientes sobre os resíduos (Igbinomwanhia, 2011). A cooperação entre a LAWMA e os operadores privados, como a WECYCLER e a PSP, conduziu a uma recolha mais eficiente dos resíduos dos locais de residência e de produção em termos de qualidade do serviço prestado. A subcontratação da recolha de resíduos pelo sector privado ao abrigo do regime da PSP pode, assim, ser considerada uma melhoria significativa, pois contribuiu para fornecer mais matérias-primas ao sector da reciclagem do Estado. (Idowu, O., Omirin, M., e Osagie, J., 2011) . A sensibilização e o patrocínio dos operadores privados podem ser um fator que contribui para essa melhoria no sector da gestão de resíduos. De acordo com os registos mensais documentados pela LAWMA, que indicam que, quando comparados com outros modos de recolha, como os resíduos recolhidos diretamente pela LAWMA e o franchising, os operadores privados desempenharam o papel mais ativo na recolha de resíduos sólidos, na deposição em aterros e nas lixeiras existentes no Estado (LAWMA , 2011). julho 263.429,58 e agosto: 278.770 toneladas métricas respetivamente em 2011.

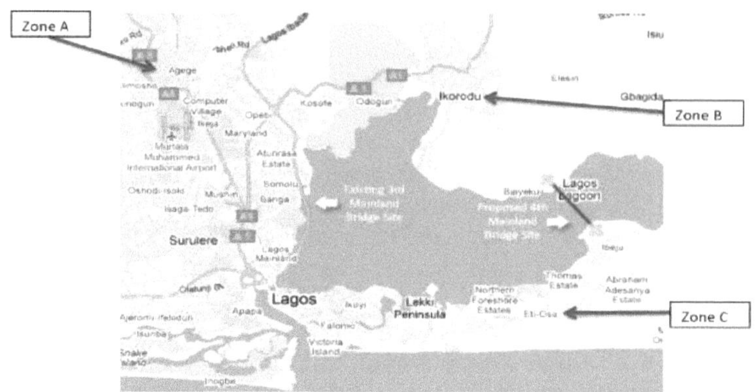

Figura 7: Mapa do estado de Lagos mostrando os governos locais
Fonte: http://www.lgtnigeria.com 2016.

2.8 Políticas ambientais actuais e gestão do quadro de gestão na Nigéria.

A Agência Federal de Proteção do Ambiente (Decreto 58 de 1988, alterado pelo Decreto 59 de 1992) foi criada pelo Governo Federal da Nigéria em 1988 e posteriormente alterada pelo Decreto 14 de 1999, para proteger, restaurar e preservar os ecossistemas e estabelecer critérios, orientações, normas e especificações ambientais, tais como o bem-estar dos cidadãos e a proteção contra a degradação ambiental. O Ministério Federal do Ambiente foi criado em 1999 para assumir as responsabilidades da Agência Federal de Proteção do Ambiente, com o objetivo de alcançar um ambiente sustentável a nível das administrações federal, estatal e local do país.

A nível estatal, a Agência de Proteção Ambiental do Estado de Lagos (LASEPA) foi criada em 1996 e tem as seguintes responsabilidades

* Controlo da poluição ambiental;
* Autorização de descarga de efluentes industriais;
* Controlo da AIA
* Serviços laboratoriais;
* Gestão do comércio de rua, areia, mercados ilegais e derrame de cascalho, rito tardio;
* Coordenação dos exercícios ambientais no Estado.
* Controlo da segurança da água pública

Outras políticas incluem;

1. Regulamentos sobre a Proteção Nacional do Ambiente (que gere os resíduos sólidos e perigosos) de 1991
2. Decreto de ordenamento do território de 1978
3. Estabelecimento de diretrizes e normas para o controlo da poluição ambiental na Nigéria, 1991.

2.8.1 Rumo a uma economia circular no Estado de Lagos.

A economia circular é corretiva e benéfica na sua conceção e tenta manter os componentes, produtos e materiais sempre na sua máxima utilidade e qualidade. A ideia divide-se em ciclo técnico e biológico, o que é muito realista no caso da cidade de Lagos, uma vez que a economia circular é um ciclo de desenvolvimento positivo ininterrupto que preserva e reforça o capital natural dos rendimentos dos recursos, ajudando também a reduzir as oportunidades do sistema através da gestão de stocks limitados e fluxos renováveis.

A economia circular é conhecida por proporcionar numerosos sistemas de criação de valor que são diferentes do consumo de recursos fixos. É evidente que a economia circular, baseada no consumo, só acontece em processos de biociclos activos. Por conseguinte, os recursos são reconstruídos no ciclo biológico ou recuperados e restaurados no ciclo técnico. O bio-ciclo é um processo de regeneração da vida que lida com materiais desorganizados. (Ellen Macarthure, , 2013).

2.8.2 Princípio básico da economia circular

A economia circular baseia-se em três grandes princípios que são aplicáveis à situação do Estado de Lagos, porque cada um deles aborda a utilização dos recursos e os problemas que as economias industriais enfrentam (Ellen Macarthure, 2013).

a. Preservar e melhorar o capital natural

Isto é efectuado basicamente através da prestação de serviços públicos, sempre que possível, quando os recursos são necessários. O sistema circular seleciona os recursos de forma sensata e escolhe as tecnologias adequadas para obter um desempenho ótimo dos recursos. Uma economia circular também melhora o capital natural, incentivando os fluxos de nutrientes dentro do sistema e criando as condições para a regeneração, como é o caso do solo. (Ellen Macarthure, 2013).

b. Otimizar os rendimentos dos recursos disponíveis

Isto é feito através da criação de matérias-primas para a reprodução de bens já usados e da reciclagem para manter os componentes e materiais em circulação e contribuir para a economia. Estes sistemas também ajudam a prolongar a vida útil dos produtos e a otimizar a sua reutilização. A ideia principal é aumentar a utilização de produtos a partir de materiais reciclados, produtos de base biológica, como matérias-primas bioquímicas, e aumentar a eficácia do sistema (Ellen Macarthure, 2013).

c. Revelação e conceção de externalidades negativas

Isto reduz os danos causados às necessidades básicas do ser humano, como a alimentação, os automóveis, o abrigo, a educação, a saúde e o entretenimento, e a gestão das necessidades externas, como a utilização das terras, o solo, o ar, a água e as poluições, como o ruído, as substâncias tóxicas e os gases com efeito de estufa.

2.8.2 Desafios da economia circular a nível técnico e económico a nível internacional

1. Controlar eficazmente os ciclos de vida

A maioria dos produtos é difícil de reciclar porque o produtor do produto não tem em consideração o ciclo de vida do produto desde o berço até ao túmulo quando o produz, o que torna difícil para a economia circular integrar todo o ciclo de vida do produto, desde a matéria-prima até à eliminação final, que pode ser utilizado como material de reciclagem ou de upcycling.

Do ponto de vista económico, a integração de produtos por fabricante tem muitas desvantagens. Em primeiro lugar, se as empresas detêm o ciclo de vida do produto (do berço ao túmulo), podem ser subsidiadas diferentes actividades, o que, na maioria dos casos, pode levar a uma produção ineficiente e a preços elevados dos produtos. Em segundo lugar, se os produtores gerirem os resíduos dos seus próprios produtos, isso pode resultar em desemprego para os gestores de resíduos e, em países em desenvolvimento como a Nigéria, as pessoas pobres, como os catadores, podem perder a sua fonte de rendimento. Os custos de possuir ou gerir todo o ciclo de vida podem ser elevados para os pequenos produtores. (UCL , 2014).

2. Tornar as indústrias ligadas resilientes

Na maior parte das vezes, a lacuna de recursos não pode ser colmatada dentro da indústria. É possível transformar garrafas de plástico noutra matéria-prima que será utilizada por outra indústria como matéria-prima. A junção de diferentes cadeias de produção cria uma teia de interdependências complexas que podem tornar o sistema vulnerável à divisão ou ao colapso (UCL , 2014).

3. Manter o ambiente na ordem do dia

A realização de uma implementação da economia circular requer uma política que apoie a criação de benefícios monetários e que também satisfaça a necessidade de reduzir os impactos ambientais (UCL , 2014).

CAPÍTULO 3

METODOLOGIA DE INVESTIGAÇÃO

3.1 Metodologia

Este capítulo explica como são extraídos e analisados os dados para o estudo. O estado atual da gestão de resíduos em algumas áreas selecionadas do Estado de Lagos é resumido neste estudo. Isto destina-se a permitir previsões realistas dos efeitos ambientais prováveis dos resíduos sólidos na área. Ao estabelecer as condições ambientais de base da área de estudo, foi adoptada uma abordagem metódica para obter caraterísticas ambientais gerais relevantes através da revisão da literatura e caraterísticas específicas do local através do exercício de recolha de dados no terreno. Os dados para o estudo foram recolhidos de fontes primárias e secundárias.

3.2 Uma visão geral da área de estudo

A Nigéria é um país com mais de cento e oitenta milhões de habitantes. Está situada na parte ocidental de África. É constituída por terras tropicais e recursos naturais. A localização geográfica da República Federal da Nigéria é rodeada pelo Benim, a oeste, e pelos Camarões, a leste. A norte, o Chade (NE) e o Níger. A área do país é de 923.768 quadrados e está dividida em quatro zonas geopolíticas: norte, sul, oeste e leste. As temperaturas máximas são de 30 a 32 graus Celsius no Norte. No Sul, a humidade é elevada durante os meses de fevereiro a novembro. No Norte, a humidade é elevada nos meses de junho a outubro. Na estação seca, a humidade é baixa. A precipitação anual é maior na parte sul e menor na parte norte. A precipitação varia entre 2000 milímetros na zona costeira do Sul e 500 - 750 milímetros no Norte. A capital da Nigéria é Abuja, situada no centro da Nigéria, com uma população de mais de 6 milhões de habitantes.

A Nigéria é constituída por 36 estados, entre os quais Lagos, Ibadan, Kano e outras cidades. No sector dos transportes, a rede de estradas é de aproximadamente 194.395 quilómetros.

(Shodhganga, 2011) e produto interno bruto (PIB) de 481,07 mil milhões de dólares americanos em 2015.

Figura 8: Mapa da Nigéria.
Fonte: (http://www.nationsonline.org, 2016)

Estado de Lagos

O Estado de Lagos é composto por 20 Áreas de Governo Local (LGAs) e está localizado na parte costeira do sudoeste da Nigéria, com aproximadamente 20 milhões de habitantes. A região, que é a divisão administrativa do país, contém a maior área urbana da Nigéria, (Sammiesamkuz, 2011). Embora seja um dos estados economicamente mais importantes do país, é também o mais pequeno em termos de massa terrestre de todos os estados da Nigéria. Prevê-se que, em 2015, o estado de Lagos seja a terceira maior mega cidade do mundo, depois de Tóquio no Japão e Bombaim na Índia (*Filani, 2012*). A metrópole de Lagos tem uma topografia plana com um padrão de precipitação elevado entre março e outubro de cada ano, causando inundações frequentes na maioria das zonas da cidade. A temperatura diária também é elevada, variando entre 25° C e 32° C (Demography, 2015). A capital do estado de Lagos é o governo local de Ikeja, enquanto as principais áreas administrativas e urbanas se encontram no governo local de Eti-Osa, tais como Victoria Island, Lekki fase 1 e Ajah.

As taxas de produção de resíduos no estado de Lagos podem ser de cerca de 1 kg/cap/dia por pessoa nas zonas urbanas. (Ogwueleka, 2009) As taxas de produção de resíduos são altamente influenciadas pelo rendimento da população e, no estado de Lagos, são produzidas anualmente 25 milhões de toneladas de resíduos sólidos urbanos na Nigéria (Iriruaga, E T, 2015). As densidades e a humidade dos resíduos são também muito mais elevadas do que noutras partes do país.

Estima-se que a parte metropolitana de Lagos tenha uma população de mais de 12 milhões de pessoas (Governo do Estado de Lagos, 2015). Se cada habitante gerar uma média de 1,2 kg de resíduos por dia, isto significa que, num dia, são gerados cerca de 12 milhões de kg de resíduos e, num mês, cerca de 302 400 toneladas. Ora, para transportar e eliminar estes resíduos de uma só vez, utilizando um camião normal de 7 toneladas, serão necessários 43 200 camiões deste tipo. Multiplicando este número por 12 meses do ano, obtemos cerca de 3.628.800 toneladas de resíduos num ano.

Figura 9: Mapa do Estado de Lagos
Fonte: http:www.nigerianmuse.com

3.3 Estrutura e dimensão da amostra

A amostra abrange algumas áreas selecionadas em Lagos, subdividindo-as em três

(3) Zonas.

Zona A: O núcleo tradicional do Estado.

Esta zona caracteriza-se por ser obscura, suja, desagradável e densamente povoada.

O Governo Local de Agege representa estas áreas (Fig. 4).

Zona B: Área Privada e Semi-Privada.

O desenvolvimento nestas áreas é muito melhor do que na Zona A. Os tipos predominantes de desenvolvimento físico nesta área são os edifícios residenciais, que são privados e semi-privados por natureza. O Governo Local de Ikorodu representa estas áreas (Fig. 5).

Zona C: as zonas reservadas do Governo.

O governo é proprietário de quase todos os empreendimentos nesta zona e a zona é caracterizada como administrativa. A área goza de uma vasta gama de comodidades, tais como abastecimento ininterrupto de água, eletricidade, etc. O Governo Local de Eti-Osa em Ikoyi representa estas áreas (Fig. 10b e 10c).

Fig 10a: Zona A (Mercado de Agege) Fig 10b: Zona B (Via Expressa de Ikorodu)

Fig. 10c: Zona C (bairro residencial lekki Ajah no governo local de Eti-Osa)

Figura 10: Zonas A, B e C no Estado de Lagos

Nome da LGA	Área (km)^2	População do Censo 2015	Densidade
Agege	45	1,371,700	30,46

| Ikorodu | 394 | 706,100 | 1,79 |
| Eti-Osa | 192 | 1,305,900 | 6,80 |

Quadro 1: População da área de amostragem selecionada no Estado de Lagos
Fonte: Comissão da População da Nigéria, 2006.

3.4 Método de recolha de dados
1. Questionários

Foi administrado um total de 170 questionários aos habitantes das três zonas selecionadas, que incluem homens e mulheres idosos e de meia-idade. Foram utilizados 50 questionários para cada zona de amostragem e 20 questionários para o pessoal e a gestão da Autoridade de Gestão de Resíduos do Estado de Lagos (LAWMA).

A amostragem aleatória sistemática foi utilizada para obter informações que requerem a seleção de amostras com base em intervalos numa população numerada. Foram recebidas listas de habitantes nas três zonas selecionadas, foi utilizado um gerador de números aleatórios que é 36, é necessário criar um intervalo, pelo que o número total de habitantes foi

dividido pelo número de questionários disponíveis para obter os intervalos que são (o tamanho da população/ tamanho da amostra) 2,994,108*244 que é igual a 12, o que significa que 12th pessoas após as 36th pessoas foram selecionadas até se obter um total de 244 habitantes. Por exemplo, 36,48,60,72,84,96,108,120,132,144

O Núcleo Tradicional do Estado (Zona A) foi coberto pela administração de questionários que foram selecionados aleatoriamente em cada 8 casas, enquanto a Área Privada e Semi-Privada (Zona B) e as Áreas Reservadas do Governo (Zona C) foram cobertas pela administração de questionários selecionados aleatoriamente em cada 5 casas.

Os dados recolhidos são analisados e os resultados são utilizados em estatísticas descritivas e inferenciais. São ilustrados através de gráficos de pizza, gráficos de barras e Statistical Packages for Social Scientist (SPSS).

2. Inquérito de campo

Esta fase do estudo envolveu a recolha no terreno de materiais residuais que são eliminados através de uma amostragem aleatória. São recolhidas, no máximo, 5 amostras de RSU em sacos de polietileno para cada zona, perfazendo um total de 15 amostras com um peso de 25 ml cada, respetivamente, que foram pesadas com uma balança de mola. O conteúdo de cada saco foi vertido e separado manualmente nos seus diferentes constituintes, tais como papel, plástico, vidro, metais, resíduos alimentares, etc. Os sacos foram utilizados para determinar o volume de resíduos de cada amostra e para determinar os tipos de resíduos que são altamente produzidos em cada área de investigação.

Fig 11(a)   Fig 11(b)

Figura 11: Inquérito de campo com o necrófago

3. Entrevistas orais

As entrevistas orais são realizadas para ajudar as pessoas com pouca ou nenhuma educação formal.

As pessoas desta categoria incluem as mulheres do mercado e os comerciantes. Os residentes, os catadores e os empreiteiros privados também foram entrevistados para confirmar os procedimentos de recolha, eliminação e tratamento das práticas de reciclagem e os problemas enfrentados pelos resíduos sólidos.

gestão de resíduos.

Fig 12(a)   Fig 12(b)

igura 12: Inquérito de campo com recolha de lixo e entrevista oral

4. Dados secundários: principalmente de várias literaturas.

5. Observação no terreno: O principal objetivo desta observação é poder investigar melhor as actividades nos locais de eliminação de resíduos sólidos e a recolha de resíduos por operadores privados, com base na observação participante.

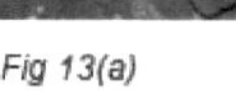

Fig 13(a)   Fig 13(b)

Figura 13: Observação no terreno

Fig 14(a)   Fig 14(b)

Figura 14: Observação no terreno

Fig 15(a)   Fig 15(b)

Figura 15: Observação no terreno

CAPÍTULO 4

RESULTADOS

4.0 Resultados empíricos

Este capítulo contém os dados obtidos a partir do levantamento de campo. Os dados são analisados de modo a compreender as consequências ambientais prováveis da elevada taxa de produção de resíduos em cada uma das zonas de estudo utilizadas no Estado, identificar as medidas através das quais esses impactos podem ser atenuados e apresentar os resultados de modo a que possam fornecer os dados necessários aos decisores políticos, planeadores, equipas de projeto e agências governamentais.

Os dados obtidos no terreno são apresentados através de quadros e de métodos descritivos. São apresentadas as práticas de gestão dos resíduos sólidos e as opiniões dos diferentes grupos de actores entrevistados.

4.1 Tipos e estado das habitações

A maioria das casas em Lagos são para uso comercial. Algumas destas casas, especialmente na zona central (Zona A), não estão bem planeadas, ao passo que as das zonas privadas, semi-privadas e reservadas ao Governo estão bem planeadas e mantidas. Os resultados do questionário mostram que o tipo de habitação mais comum em Lagos são os edifícios de andares, como mostra o Quadro 2.

	Tipo de casas	Frequência	Percentagem %
Válido	Composto tradicional	6	4.0
	Bungalow	32	21.3
	Plano	34	22.7
	Construção de histórias	78	52.0
	Total	150	100

Tabela 2: Tipos de edifícios nas zonas de estudo

4.2 Natureza e tipos de resíduos sólidos produzidos em Lagos

Os resíduos sólidos urbanos foram recolhidos em sacos de polietileno, dos quais foram analisadas 5 amostras de cada zona. O conteúdo de cada saco foi vertido e separado manualmente pelos seus constituintes físicos, tais como papel, plástico, tecido velho, vidro, metais, restos de comida e nylon. O peso do saco de polietileno utilizado é de 5 ml e as amostras foram pesadas com uma balança de mola (Adewumi I.K, 2005)

As amostras de resíduos sólidos urbanos foram classificadas em sete tipos, como mostra a Figura 14 abaixo.

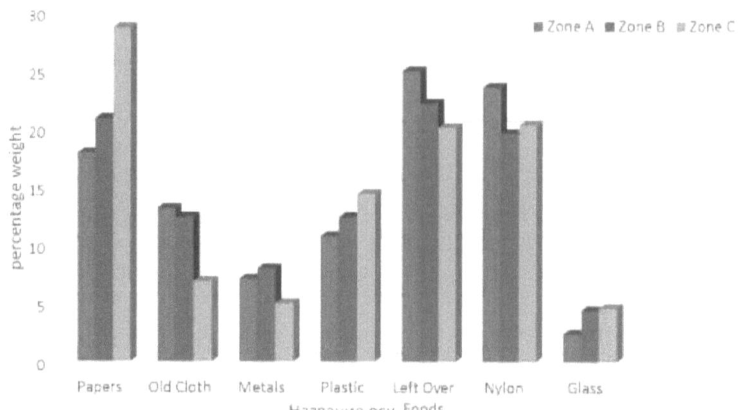

Figura 16: Gráfico de barras que mostra a natureza dos resíduos produzidos em Lagos.

Devido à escassez de água potável, registou-se um aumento considerável dos resíduos de plástico e nylon na cidade devido à venda de água em saquetas e também um aumento da utilização de materiais de embalagem como o politereftalato de etileno (PET), que não é biodegradável.

ZONE A

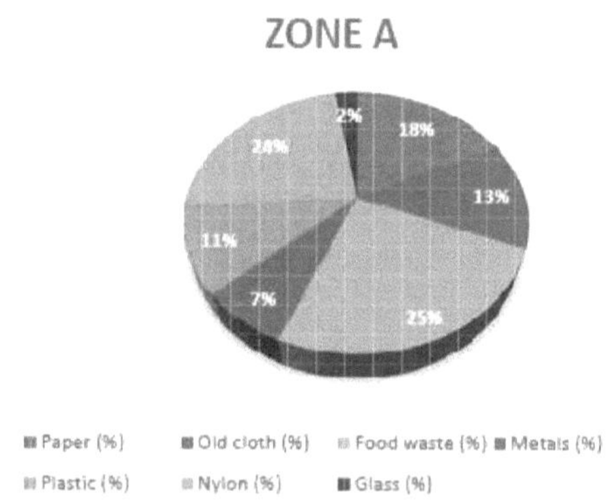

Figura 17: Zona A (Governo local de Agege)

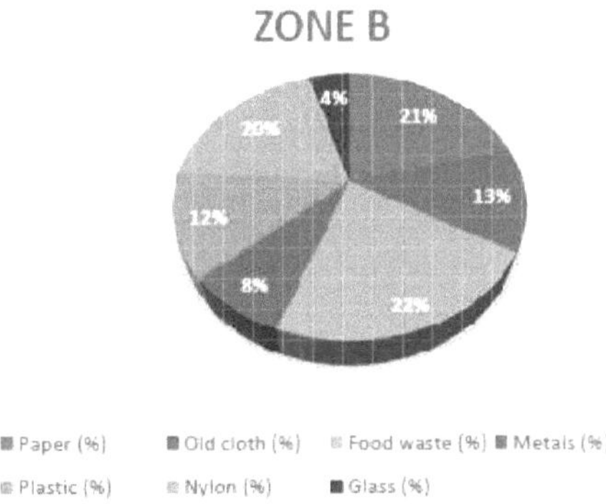

Figura 18: Zona B (Governo local de Ikorodu)

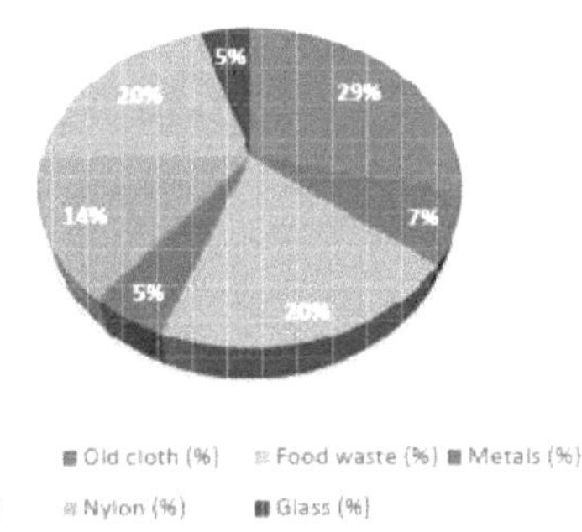

Figura 19: Zona C (Governo local de Eti-Osa)

A partir do Inquérito, verificou-se que a Zona A, que é a área menos urbanizada, gera mais resíduos biodegradáveis do que as outras Zonas, como se pode ver nas Figuras 15 e 16.

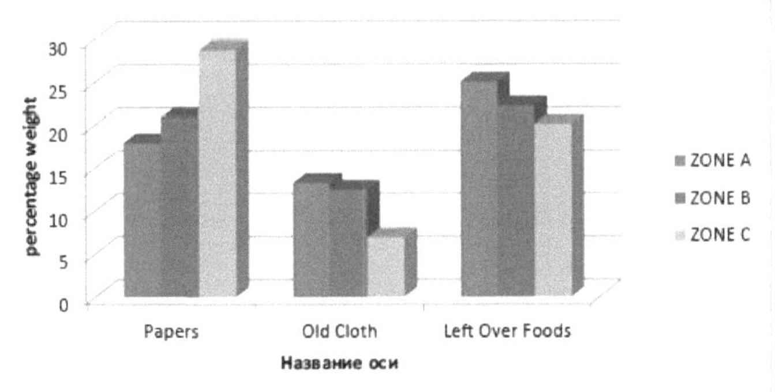

Figura 20: Gráfico de barras dos resíduos degradáveis na área de amostragem

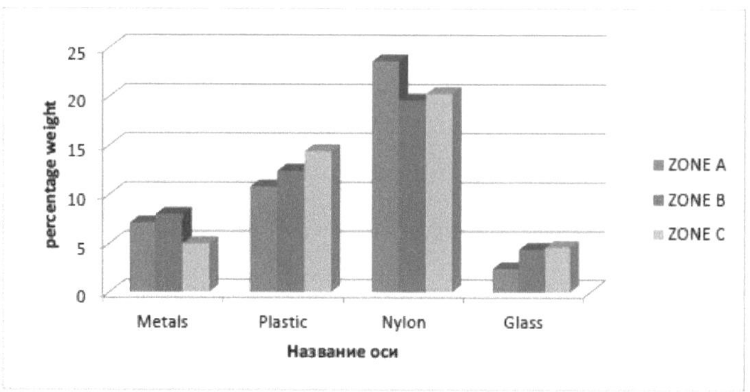

Figura 21: Gráfico de barras dos resíduos não degradáveis na área da amostra

A análise geral mostra que 55,8% dos resíduos gerados nestas zonas são biodegradáveis, que incluem principalmente resíduos alimentares. No entanto, existe uma quantidade substancial de resíduos não degradáveis, que é de cerca de 44,2%, como mostra o Quadro 3 abaixo.

		percentagem%	Percentagem válida%
válido	Resíduos biodegradáveis	56.8	56.8
	Resíduos não degradáveis	44.3	44.3
	Total	100.0	100.0

Tabela 3: Natureza dos resíduos produzidos em Lagos.

4.3 Armazenamento de resíduos

Os agregados familiares nas três zonas têm formas semelhantes de armazenar os seus resíduos antes da eliminação e os pontos de eliminação situam-se principalmente em frente das suas casas. Vários tipos de resíduos são misturados e armazenados em contentores, por vezes com ou sem sacos (Fig. 22). Espera-se que os agregados familiares comprem sacos de lixo a colectores privados que operam no seu bairro ou que os comprem a outras fontes, como lojas locais. Alguns sugerem que ensacar é uma atividade que consome muito tempo, independentemente de haver ou não sacos de lixo disponíveis.

Fig 22(a)   Fig 22(b)   Fig 22(c)

Figura 22: Contentores de lixo utilizados pelos agregados familiares em Lagos

4.4 Recolha e eliminação de resíduos sólidos

Os operadores privados (franqueados pela LAWMA) fazem a recolha domiciliária de resíduos, tendo sido observada uma média de 4 pessoas nos camiões compactadores durante as viagens de recolha - dois evacuadores, um supervisor e o condutor. O motorista pára intermitentemente na rua da área residencial e os evacuadores descem do camião para recolher os resíduos trazidos pelas famílias ou armazenados na frente de cada edifício residencial. Alguns agregados familiares transportam os seus resíduos até ao camião para recuperarem e reutilizarem os seus sacos de armazenamento de resíduos, o que é comum numa área de baixos rendimentos como a Zona A. A função do supervisor é garantir que cada agregado familiar servido durante a ronda de recolha confirma que os operadores recolheram os seus resíduos, assinando um cartão fornecido pelos operadores.

Durante a recolha, ocorre alguma atividade de segregação/limpeza dos resíduos. A transferência dos resíduos para o camião compactador é feita manualmente e os evacuadores retiram imediatamente os objectos considerados valiosos. Estes objectos são depositados em sacos designados, pendurados no camião (Figura 23a), e são vendidos a compradores no final da viagem de recolha, no caminho para os locais de eliminação de resíduos ou nos locais de eliminação de resíduos. Cada material reciclável selecionado é pesado e vendido a partir de 700 nairas por kg, o equivalente a 2 euros por kg (Figura 23b).

Fig 23(a)   Fig 23(b)

Figura 23: Recolha e venda de materiais recicláveis por equipas de recolha de operadores privados.

A informação da Figura 23 revela que as carrinhas de recolha de resíduos visitam diariamente a Zona A (Agege) mais do que as outras zonas, o que faz com que os habitantes, especialmente na Zona B (Ikorodu), utilizem métodos ilegais de eliminação devido à falta de recolha frequente de resíduos por parte dos responsáveis pela gestão de resíduos nas outras duas zonas.

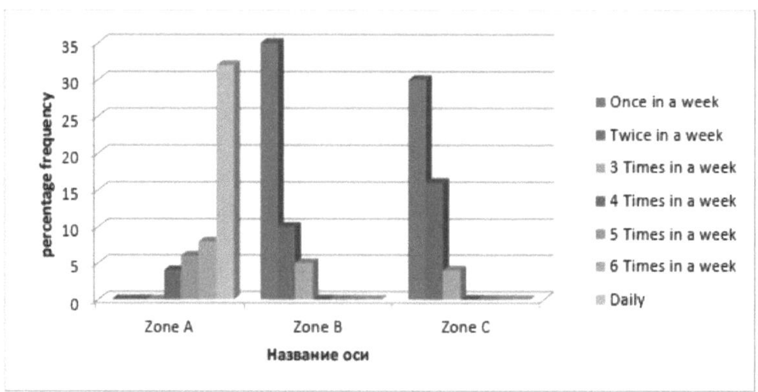

Figura 24: Funcionamento da carrinha de recolha de resíduos do Estado de Lagos em Lagos.

O resultado do questionário mostra que os residentes nestas zonas utilizam abordagens legais e ilegais para a eliminação dos seus resíduos, com referência ao anexo.

A abordagem legal envolve a colocação do lixo em contentores de recolha onde é recolhido pela carrinha de recolha da Autoridade de Gestão de Resíduos do Estado de Lagos (LAWMA) (Fig. 25) ou entregue a operadores privados. A carrinha transporta então o lixo para uma das duas estações de transferência de carga (TLS) no estado, onde é compactado em blocos e levado para os locais de eliminação de resíduos sólidos.

A abordagem ilegal (Figura 26) envolveu práticas como a queima de resíduos, o despejo em espaços abertos e o despejo de resíduos nos esgotos. Quando os resíduos depositados a céu aberto perdem o seu teor de humidade, as pessoas queimam frequentemente estes resíduos sólidos a céu aberto sem controlo. A queima destes resíduos, que contêm materiais como pneus, polietileno, etc., liberta gases tóxicos para o ambiente, causando poluição atmosférica.

Figura 25: Camiões LAWMA.

Figura 26: Descargas ilegais nas ruas.

Os resultados das entrevistas mostram que, embora os camiões da LAWMA recolham a maior parte dos resíduos, 26% dos resíduos são despejados de forma descontrolada e 20% são queimados ao ar livre. Estas práticas constituem obviamente o nível mais baixo na hierarquia dos métodos de eliminação de resíduos. A Tabela 4 mostra as abordagens legais e ilegais que estão a ser utilizadas nestas zonas.

		frequência	Percentagem%
válido	Queimadura	30	20.0
	Descarga do espaço de abertura	39	26.0
	Caixas de recolha	18	12.0
	Concurso para (carrinha de recolha de resíduos)	48	32.0
	Despejo em drenos	15	10.0
	Total	150	100.0

Comum zonas de eliminação de resíduos

Quadro 4: método de na amostra

O resultado do questionário mostra que a maioria das pessoas nestas áreas está consciente dos efeitos ou riscos ambientais envolvidos na utilização de métodos ilegais de eliminação de resíduos e não se sente confortável com isso, mas continua a persistir no ato. Projetaram uma atitude de "se não se pode vencer o sistema, então junta-se a ele".

		frequência	por cento
válido	sim	48	32.0
	Não	102	68.0

	Total	150	100.0

Tabela 5: Pessoas que se sentem confortáveis com o método de eliminação de resíduos na área de estudo.

Foi efectuada uma investigação mais aprofundada para conhecer as sugestões das pessoas sobre os métodos de eliminação de resíduos que não representem qualquer risco ambiental. Os resultados dos questionários revelaram que 58% das pessoas sugeriram que os resíduos sólidos deveriam ser entregues à carrinha de recolha da Autoridade de Gestão de Resíduos, de modo a que houvesse um local centralizado onde os resíduos fossem depositados para a recolha, enquanto 18% sugeriram que cada agregado familiar deveria ter caixotes de recolha de resíduos para facilitar e melhorar os serviços da Autoridade de Gestão de Resíduos (figura 22). Do seu ponto de vista, se a Autoridade de Gestão de Resíduos pudesse melhorar os seus serviços, os métodos ilegais de eliminação de resíduos seriam reduzidos em Lagos.

Sugestão do inquirido

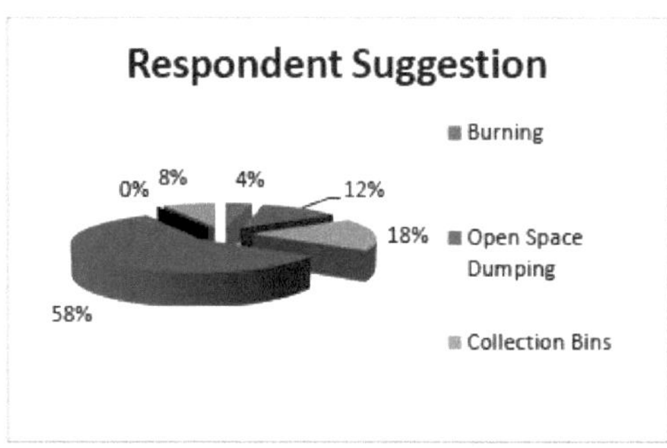

Figura 27: Métodos sugeridos para a eliminação de resíduos em Lagos.

4.5 Envolvimento da população no saneamento ambiental

O dia do saneamento ambiental realiza-se no último sábado de cada mês, entre as 7 e as 10 horas da manhã, e as pessoas são obrigadas a limpar o seu ambiente imediato. A Tabela 6 mostra a resposta sobre a questão do envolvimento das pessoas na política de gestão de resíduos sólidos em evolução, especialmente no dia do saneamento ambiental.

A análise do inquérito indica que 80% das pessoas em Lagos reconheceram estar envolvidas nesta política municipal de gestão de resíduos sólidos, enquanto 20% não participam neste exercício.

	sim	Percentagem %	Não	Percentagem %
Participação ativa das pessoas durante o processo dia do saneamento ambiental	120	80	30	20
Presença de	39	20	120	80

Comités ambientais				
Impacto no governo sobre o ambiente actividades conexas	45	30	105	70

Quadro 6: Envolvimento da comunidade no saneamento ambiental.

Indicaram também que houve pouco (20%) apoio dos comités ambientais nas práticas de gestão de resíduos sólidos no dia do saneamento ambiental. Este resultado indica um alto grau de fragilidade institucional para apoiar os esforços locais de gestão de resíduos sólidos.

As comunidades são o grupo-alvo mais importante que pode efetuar mudanças positivas no seu ambiente imediato. Um programa ambiental como o Dia do Saneamento Ambiental só terá êxito se todos na comunidade forem mobilizados e sensibilizados para participarem em boas práticas ambientais.

4.6 LAWMA, operadores privados e desafios

A Autoridade de Gestão de Resíduos do Estado de Lagos (LAWMA) tem a seu cargo a limpeza diária de todas as auto-estradas, assegurando que os agregados familiares são atendidos pelo menos uma vez por semana, que os resíduos dos mercados são limpos diariamente, que os resíduos médicos são pré-tratados e eliminados corretamente, que os materiais para reciclagem são separados e transportados, etc. Através da participação do sector privado (PSP), é incentivada a concessão de franquias às pessoas que pretendam ser colectores de resíduos no Estado. O montante do empréstimo varia entre 2 e 4 milhões de nairas, aproximadamente 8000 euros, e os camiões são utilizados como garantia. Recentemente, todos os prestadores de serviços foram obrigados a ter camiões compactadores para as operações de recolha.

Os operadores privados foram entrevistados em relação à imposição de veículos de recolha avançados como um passo na direção errada, porque os veículos compactadores necessários são muito caros. Além disso, os conhecimentos tecnológicos e as competências de manutenção dos mecânicos locais não estão ao nível dos utilizados na construção desses veículos. Assim, as reparações baseiam-se sobretudo em tentativas e erros, o que custa mais dinheiro aos operadores e torna os seus serviços de recolha de resíduos deficientes. Os acordos entre a LAWMA e os operadores privados dependem da área (ou distrito político) que lhes foi atribuída para operar dentro de uma autoridade governamental local (LGA). Algumas partes de Lagos podem ser consideradas rurais e, por isso, a recolha total de receitas é irrealista, dado o baixo estatuto económico dos residentes. Por conseguinte, existe um acordo contratual entre os operadores privados nessas zonas e este é definido pelo pagamento pela LAWMA de um montante fixo pelos serviços de recolha de resíduos prestados pelo operador privado, que varia entre 300 e 500 nairas por mês, aproximadamente 1 a 2 euros. No outro tipo de acordo (franchising), o franchisado (ou seja, o operador privado) não recebe subsídio da LAWMA e espera-se que recupere todos os seus custos. No entanto, o maior desafio enfrentado pelo sector privado neste tipo de acordo continua a ser a cobrança de receitas. O pagamento dos serviços de recolha de resíduos, que deveria ser mensal, é evitado ou adiado indefinidamente por alguns residentes. Para atenuar, em certa medida, a perda de receitas dos operadores privados, a LAWMA encarregou-se de lhes reembolsar uma determinada percentagem (60%) dos custos não recuperados.

4.7 A estação central de eliminação de resíduos de Olushosun

O local de eliminação de resíduos de Olushosun é o maior do estado de Lagos (42,7 hectares), de entre cinco lixeiras governamentais activas, e é basicamente um terreno que está a ser recuperado através do enchimento de desfiladeiros com a eliminação de resíduos. Recebe a maior quantidade de resíduos electrónicos em África e sustenta mais de mil catadores (Lawal, M, 2010). Era suposto ser um aterro sanitário, mas as medidas adequadas para manter um aterro sanitário não foram respeitadas. O edifício residencial mais próximo fica a menos de 100 metros da entrada das traseiras.

O local recebe cerca de 9000 toneladas de resíduos por dia e está equipado com duas pontes de pesagem informatizadas - as pontes de pesagem de entrada e de saída na entrada da frente, no entanto, a pesagem só é feita para todos os camiões que entram (LAWMA , 2012a). É utilizada uma abordagem metódica para a deposição de resíduos neste local; a deposição de resíduos é feita rotativamente entre (quatro) locais diferentes, designados por células de deposição. Foram criadas estradas de acesso, chamadas plataformas, a partir dos resíduos que estão a ser despejados, para garantir o acesso contínuo às células de despejo, mesmo durante a estação das chuvas. O tempo de retorno dos camiões observado foi de aproximadamente 20 minutos. As actividades de gestão do local observadas incluem o empurrar e o nivelamento dos resíduos esvaziados dos camiões de recolha com a utilização de um bulldozer, seguido da utilização de um compactador para pressionar ainda mais os resíduos. A cobertura diária dos resíduos compactados não é feita no local e a atividade de recolha decorre tanto antes como depois da compactação dos resíduos no local de eliminação. O local dispõe de desodorizadores, que são utilizados para dispersar líquidos perfumados perto das celas e em zonas de grande tráfego no local. No entanto, nem todos estão a funcionar.

Equipamento	Número	objetivo	Estado de funcionamento
Bulldozer	2	Empurrar a pilha de resíduos	Ambos funcionais
Desodorizante	8	Supressão do mau cheiro no local	4 extintos
compactador	1	Nivelamento e compactação de resíduos	funcional

Tabela 7: Estimativa do equipamento utilizado no local de eliminação de resíduos de Olushosun.

Foram criados canais irregulares para permitir o fluxo de lixiviados de algumas das células basculantes para valas que servem de lagoas de recolha. Foi relatado que estão a ser feitos planos para melhorar a canalização do lixiviado através de tubos (LAWMA, 2012b). Não foram observadas estruturas de tratamento de lixiviados no local (Fig. 25).

Fig 28(a) Tanque de lixiviados estagnado Fig 28(b) Canal de escoamento de lixiviados Figura 28: Lixiviados no aterro sanitário de Olushosun.

4.8 Atividade de recolha no local de eliminação de resíduos sólidos

No estado de Lagos, a recuperação de materiais a partir de resíduos através da recolha selectiva é praticada em grande escala, como se pode ver na figura 29 abaixo. Embora a autoridade responsável pela gestão dos resíduos empregue alguns destes catadores para fazer a triagem dos resíduos nas lixeiras, o governo do Estado não tem capacidade para empregar tantos deles, uma vez que são em número excessivamente elevado. A recolha de lixo é a principal fonte de subsistência de muitas pessoas que se encontram nos locais de eliminação de resíduos; algumas têm recolhido lixo de forma consistente durante cerca de vinte anos e a pobreza parece ser a principal razão para se dedicarem a esta atividade como fonte de subsistência.

Os catadores procuram continuamente metais, plásticos e garrafas valiosos, que são depois reutilizados ou vendidos a compradores de diferentes tipos de sucata (Simoen Afun, 2010) (Simoen Afun, 2010) ver (Fig. 30).

Ao contrário do que acontecia no passado, quando o acesso ao sítio de Olushosun era descontrolado, os catadores têm agora um período de tempo específico (cerca de 12 horas, desde o amanhecer até ao anoitecer) por dia para procurar resíduos valiosos. Com a venda de resíduos selecionados a intermediários, o rendimento médio mensal de um catador a tempo inteiro no local pode ser de 40 000 nairas (cerca de 128 euros).

Os necrófagos que se encontram sobretudo no local de deposição de resíduos sólidos utilizam instrumentos simples para a sua atividade, como uma pequena vara de ferro com ponta curva e sacos de arroz. A vara feita localmente é usada para remexer nos resíduos despejados no local, e o saco de arroz é usado para recolher os itens encontrados. Alguns catadores utilizam luvas de algodão numa mão, alguns em ambas as mãos, enquanto muitos não utilizam luvas, o que pode ser referido como práticas inseguras (figura 31), o que explica as percentagens de doenças infecciosas nas lixeiras estudadas.

Esta prática é geralmente efectuada de forma insegura e muitos dos catadores relataram as doenças comuns que enfrentam.

Fig 29(a)   Fig 29(b)

Figura 29: Catadores no aterro sanitário de Ikorodu.

Fig 30(a)   Fig 30(b)

Figura 30: Venda de resíduos selecionados no local de eliminação de resíduos.

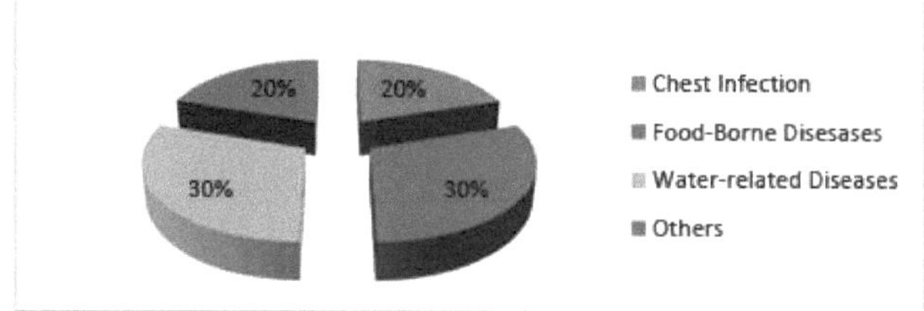

Figura 31: Doenças comuns dos catadores no aterro sanitário.

4.9 Materiais recicláveis comercializados em Lagos

Os catadores de materiais recicláveis estão aptos a identificar materiais com valor para recuperação. Desde que exista um mercado para o material, os catadores limitam-se a recolhê-lo. São eles os principais impulsionadores do comércio de reciclagem através da recolha de resíduos em lixeiras e locais públicos, enquanto os comerciantes de resíduos (ou intermediários) lhes compram diretamente esses materiais e os vendem às indústrias ou aos utilizadores finais. Consequentemente, é transaccionada uma série de materiais, incluindo resíduos orgânicos. A Tabela 8 mostra os principais materiais recicláveis comercializados pelos comerciantes de resíduos em Lagos.

CAPÍTULO 5

ANÁLISE E DISCUSSÃO

5.0 Discussão dos resultados

Os desafios colocados atualmente pela gestão dos resíduos sólidos em Lagos devem-se, em grande parte, à ignorância e, até certo ponto, à falta de patriotismo dos funcionários públicos, que são os representantes do povo. O capítulo anterior identificou os problemas da gestão de resíduos sólidos na cidade de Lagos e os actuais sistemas de gestão de resíduos são aqui discutidos, com recomendações.

5.1 Dinâmica na segregação de conteúdos e fontes

A elevada proporção de resíduos orgânicos observada em todos os agregados familiares neste estudo (ver secção 4.2) é atribuída principalmente aos tipos de alimentos consumidos, bem como à cultura culinária em Lagos. Os residentes parecem estar muito dependentes da cozinha caseira e parece haver uma elevada proporção de resíduos gerados a partir de componentes não comestíveis durante a preparação dos alimentos; estes incluem cascas de banana, cascas de inhame, palha de feijão e espinhas de peixe. A maioria dos alimentos e frutos consumidos têm um elevado teor de humidade ou têm partes não comestíveis. Embora a Zona A, que é o núcleo tradicional da cidade, tenha uma percentagem mais elevada de resíduos alimentares de 25% (ver figura 7), a Zona B (área semi-privada) e a Zona C (área reservada do Governo) também têm 22,2% e 20,1% de resíduos alimentares, respetivamente.

O facto de ter sido observada quase a mesma composição entre os agregados familiares de baixo rendimento, de rendimento médio e de rendimento elevado pode ser uma indicação de que o estatuto social tem um impacto menor no conteúdo dos resíduos alimentares gerados pelos agregados familiares no estado. O mesmo não se pode dizer do volume e do conteúdo dos resíduos inorgânicos gerados por estes grupos socioeconómicos em Lagos, tendo-se observado que o volume e o conteúdo inorgânico/não biodegradável eram mais elevados nos agregados familiares de rendimento médio (Zona B) e elevado (Zona C). O conteúdo não biodegradável varia entre um total de 44,4% na Zona B e 44,3% na Zona C, em comparação com 43,9% na Zona A. A composição dos resíduos que foi analisada foi a parte que foi para o caixote do lixo.

O conhecimento da composição dos resíduos numa comunidade é importante para ajudar a determinar eficazmente o tipo de triagem, armazenamento e transporte necessários, bem como as opções disponíveis para a recuperação de recursos, a eliminação e o possível impacto ambiental da má gestão dos resíduos (PNUA, 2005a).

As entrevistas e a observação neste estudo mostram que os agregados familiares não segregam os resíduos em Lagos (secção 4.3), mas a capacidade de introduzir e manter a segregação de resíduos seria fundamental para a exploração bem sucedida de outras opções de gestão de resíduos para além da deposição em aterro no estado. Dadas as restrições financeiras que podem estar envolvidas na inicialização e implementação da separação na fonte dos resíduos domésticos, um ponto de partida prático em Lagos seria uma separação básica dos resíduos orgânicos dos inorgânicos, caso em que se poderia exigir que os agregados familiares tivessem pelo menos dois recipientes de resíduos adequados, como caixotes de lixo com rodas. Como forma de incentivo, a LAWMA poderia esforçar-se por fornecer caixotes de lixo verdes e vermelhos a todos os agregados familiares para armazenamento de resíduos orgânicos e outros resíduos, respetivamente. O critério atual para o fornecimento de contentores de lixo com rodas é o pagamento de taxas de utilização do solo em cada edifício residencial. No entanto, isto não é prático porque os agregados familiares, especialmente os de rendimento médio (Zona B) e muitos de rendimento baixo (Zona A), são inquilinos dos edifícios onde residem. Não devem ser punidos quando os seus senhorios não pagam o imposto sobre o uso do solo. Em vez disso, os contentores podem ser disponibilizados aos edifícios residenciais a uma taxa subsidiada. O custo poderia ser incluído nas facturas de recolha de resíduos durante um período de tempo que tornasse os pagamentos possíveis e convenientes para as famílias, independentemente do seu estatuto socioeconómico. Uma vez que os contentores de lixo com rodas têm tampas não destacáveis, a sua disponibilização aos agregados familiares poderia também resolver o problema do roubo das tampas e da exposição insalubre dos resíduos colocados no exterior pelos residentes. Uma abordagem ainda menos dispendiosa poderia ser o fornecimento constante de sacos de cores diferentes (mais uma vez, verdes e vermelhos) aos residentes a um custo acessível; isto poderia permitir alguma flexibilidade, embora o requisito mínimo continue a ser a separação e o ensacamento dos resíduos. Se o ensacamento for devidamente imposto, as razões para este requisito e a clareza sobre se os sacos são gratuitos ou não devem ser dadas a conhecer ao público, caso contrário, os agregados familiares estariam menos inclinados a comprar se soubessem que por vezes poderiam obter os sacos do operador privado sem qualquer custo.

Uma educação pública agressiva e constante seria pertinente para criar a consciencialização necessária para o sucesso do armazenamento e segregação adequados dos resíduos domésticos antes da recolha pelo operador privado. Com base nas informações recolhidas no terreno, os incentivos financeiros desempenhariam um papel importante no incentivo e na manutenção da segregação de resíduos nos agregados familiares ao longo do tempo. Após a introdução bem sucedida da segregação de resíduos a nível doméstico, a LAWMA poderia introduzir multas pesadas como forma de tornar a não segregação ou a segregação incorrecta de resíduos pouco atractiva para os agregados familiares. A segregação de resíduos é um componente importante da gestão sustentável de RSU, especialmente porque também reduz a quantidade de tarefas no processo total de gestão (Igbinomwanhia, 2011).

O sistema pode ser gradualmente melhorado através do aumento do número de contentores de lixo para acomodar mais categorias de resíduos orgânicos e outros tipos de resíduos. Além disso, uma vantagem para os agregados familiares poderia ser a segregação na fonte em troca de descontos nas taxas de recolha.

5.2 Dinâmica da recolha de resíduos sólidos

A partir dos resultados deste estudo, a investigação mostra que nem todas as zonas usufruem de serviços de recolha de resíduos eficazes (ver secção 4.4 e figuras 18 a 21) devido a avarias nos camiões e a constrangimentos financeiros decorrentes de desafios de recuperação de custos. A zona A (zona tradicional/de baixo rendimento) parece estar mais bem servida do que as outras zonas, uma vez que a carrinha de recolha vem diariamente para a recolha de resíduos. Isto deve-se ao facto de o popular mercado de Agege se situar nesta zona e de ser importante que os resíduos sejam recolhidos diariamente para evitar maiores impactos ambientais. Este poderia não ser o caso se fosse estudada uma zona semelhante sem mercado, uma vez que se caracteriza por ter estradas inacessíveis para as carrinhas de recolha. Isto mostra que o serviço de recolha de resíduos não é uniforme em todo o estado e a implicação deste facto é o despejo indiscriminado de resíduos nas esquinas das ruas ou nos esgotos por parte dos agregados familiares (tabela 4). Embora a maioria das pessoas nesta zona estivesse consciente dos riscos ambientais envolvidos nesta abordagem (ver tabela 5), parecem estar bastante desinformadas sobre melhores meios alternativos de eliminação de resíduos, uma vez que ainda sugerem a queima (4% dos inquiridos) e a deposição de resíduos em espaços abertos (12% dos inquiridos) como método de eliminação de resíduos.

A exigência rigorosa de camiões compactadores para a recolha de resíduos pode ser insustentável e inadequada para a recolha de resíduos sólidos no Estado (ver secção 4.6). Os camiões de compactação são concebidos para comprimir resíduos de baixa densidade (como os resíduos nos países desenvolvidos) de forma a aumentar a eficiência da recolha de resíduos e a maximizar cada viagem de recolha (Remigios M.V, 2010). Por este motivo, há uma grande tendência para os camiões compactadores se avariarem prematuramente quando são utilizados para compactar resíduos de alta densidade; a avaria pode ocorrer porque o sistema hidráulico fica sobrecarregado por fazer mais trabalho do que aquele para que foi concebido (Ogwueleka, 2009). Além disso, o custo de novos camiões compactadores parece estar para além dos meios financeiros da maioria dos operadores privados em Lagos, e pode resultar na compra de veículos em segunda mão que são propensos a falhas mecânicas e, consequentemente, conduzem a elevados custos de manutenção. O principal objetivo destes prestadores de serviços é obter ganhos financeiros e, quando isso se torna difícil de alcançar, os serviços de recolha deficientes podem persistir no sistema. Os esforços da LAWMA para aliviar os desafios de custos associados à aquisição de camiões compactadores pelos operadores privados (ver secção 4.6) através de um contrato de arrendamento podem não ser errados em si mesmos, no entanto, a inadequação dos camiões para os resíduos domésticos de Lagos, bem como os conhecimentos técnicos necessários para a sua manutenção, reflectem os recursos financeiros já limitados disponíveis no sector da gestão de resíduos sólidos urbanos. Em vez de depender de tecnologia e métodos estrangeiros, a criação de um ambiente adequado para o fabrico local de veículos de recolha, o desenvolvimento de sistemas de mão de obra intensiva e a modificação dos métodos de financiamento municipal poderiam ajudar na recolha de RSU (PNUA, 2005a).

As condições locais e as caraterísticas dos resíduos devem ser utilizadas como critérios para a seleção dos camiões de recolha adequados. Por exemplo, os camiões de carga lateral e compactação (basculantes) com sistemas de elevação de contentores podem ser utilizados de forma eficiente para a recolha de resíduos de alta densidade; o seu espaço de carga relativamente maior, o custo reduzido de aquisição, operação e manutenção tornam-nos mais adequados (Igbinomwanhia,

2011). Estes camiões poderiam ser potencialmente adequados para a recolha de RSU no Estado de Lagos.

5.2.1 Pagamento por uma melhor recolha de resíduos

Embora os agregados familiares entrevistados neste estudo tenham manifestado vontade de pagar por melhores serviços de recolha, parece que muitos não pagam atualmente por esses serviços, uma vez que os operadores privados referem que a recuperação dos custos é um grande desafio (ver secção 4.6). Isto deve-se ao facto de alguns agregados familiares serem da opinião de que não há justificação para o atual regime de taxas. No final, a baixa recuperação de custos pode persistir porque os não pagadores não podem ser excluídos dos serviços prestados pelos operadores privados. Os serviços de gestão de resíduos sólidos urbanos são um bem coletivo que não pode ser prestado exclusivamente às pessoas que pagam para que os seus resíduos sejam recolhidos, porque a eliminação saudável dos resíduos é vital para o bem-estar contínuo do público em geral e do ambiente; qualquer forma de diferenciação resultaria em métodos de eliminação pouco corretos (Adewole T, 2009). No entanto, parece que essa intervenção teve pouco impacto, uma vez que a cobrança irregular do serviço é indicada pelos agregados familiares nas Zonas B e C. A recuperação de custos poderia ser melhorada com menos custos para a LAWMA se fossem desenvolvidos e aplicados regulamentos que responsabilizassem mais os agregados familiares pelo não pagamento dos serviços que lhes são prestados pelos operadores privados. As autoridades devem prever um controlo eficaz dos agregados familiares não cumpridores, das actividades de cobrança dos operadores privados, bem como políticas que se adaptem às condições locais e que raramente necessitem de ajustamentos (Lawal, M, 2010).

5.3 Dinâmica de Redução, Reutilização e Reciclagem

Em Lagos, verificou-se que as práticas associadas à redução e reutilização de resíduos sólidos são predominantemente informais e influenciadas por outros factores que não os relacionados com a sensibilização ambiental. A partir dos resultados (ver secção 4.3) pode inferir-se que, embora os métodos de armazenamento e contentorização de resíduos no estado variem, a utilização e reutilização de sacos de arroz e cimento (ver figura 25a) para armazenamento de resíduos antes da recolha é praticada mais nas zonas de baixos rendimentos e, em menor grau, nas zonas de rendimentos médios. A contentorização também não é comum nos bairros de baixo rendimento (Zona A). Além disso, a reutilização de materiais não parece ser indicativa de esforços conscientes para reduzir a quantidade de resíduos que poderiam acabar em locais de eliminação de resíduos sólidos, pelo contrário, tais actividades podem ser atribuídas principalmente à situação financeira, aos hábitos frugais dos entrevistados ou a uma combinação de ambos. Mesmo assim, a reutilização e a reciclagem nos agregados familiares de Lagos podem ainda ser descritas como limitadas, uma vez que os objectos que não são utilizados ou reutilizados antes de serem eliminados parecem impulsionar a cadeia de reciclagem informal e a reutilização noutros locais que não os agregados familiares.

Os hábitos de manuseamento de resíduos dos agregados familiares entrevistados e as actividades observadas da equipa de recolha de resíduos e dos catadores (ver secção 4.4) indicam que a reciclagem informal dificilmente começa ao nível do agregado familiar. Embora as equipas de recolha dos operadores privados estejam ativamente envolvidas na recolha de resíduos, é evidente que esta atividade ocorre menos extensivamente ao nível dos bairros. A maior parte da reciclagem de resíduos no Estado parece começar nos locais de eliminação de resíduos sólidos, porque foi aí que se observou que a atividade de recolha era mais elevada. Isto indica ainda que o volume de resíduos inorgânicos, que acaba no aterro, é ainda muito elevado. Os operadores privados indicam que a segregação dos resíduos durante as rondas de recolha é estritamente iniciada pelo seu pessoal de recolha; o facto de a empresa de resíduos não limitar de forma alguma esta atividade de recolha pode ser um reconhecimento indireto de que os trabalhadores são mal pagos. A recolha e a venda de materiais recuperados pode ser uma forma de os manter no ativo.

No entanto, a eficiência máxima das equipas de recolha de resíduos pode não ser totalmente alcançada se a triagem e a conservação dos materiais recicláveis durante as viagens de recolha constituírem uma distração.

5.4 Dinâmica no local de eliminação de resíduos

Com base nas caraterísticas observadas neste estudo (ver secção 4.7), os locais de eliminação de resíduos sólidos em Lagos não podem ser descritos como aterros sanitários; na melhor das hipóteses, podem ser considerados aterros semi-controlados. O equipamento utilizado no local não é suficiente

e alguns deles não estavam a funcionar (ver quadro 7) e a razão para tal foi a falta de financiamento do governo estatal. A utilização de desodorizantes para suprimir o odor não é eficaz nem sustentável, uma vez que o mau cheiro do local era quase insuportável. Um método mais eficaz seria a cobertura diária dos resíduos compactados com finas camadas de solo, o que é um pré-requisito num aterro sanitário. Mesmo quando as opções de gestão viáveis, como a reutilização, a reciclagem e a produção de composto, forem introduzidas com êxito e totalmente integradas nos sistemas de gestão de resíduos sólidos urbanos de Lagos, os locais de eliminação de resíduos sólidos continuarão a desempenhar um papel significativo na eliminação de resíduos domésticos que são irrecuperáveis para utilização posterior. Isto deve-se ao facto de as opções alternativas de eliminação de resíduos, como a incineração, terem elevados investimentos, custos operacionais e ambientais e não serem uma opção sustentável para o estado de Lagos. Tendo em conta a elevada quantidade de resíduos orgânicos que acabam no local de eliminação de resíduos, não existia um sistema adequado de recolha e tratamento de lixiviados (ver figura 16b). Este facto tem um impacto negativo no ambiente, uma vez que representa uma ameaça de poluição por gases de aterro lixiviados (especialmente gás metano).

Os catadores, que se encontram nos locais de eliminação de resíduos, são sobretudo pessoas com dificuldades financeiras que consideram a recolha como uma fonte de subsistência (ver secção 4.8). Os materiais recolhidos, normalmente plásticos e metais, são depois vendidos a compradores (ver figura 24), que por sua vez os vendem a empresas de reciclagem. Embora esta prática de recuperação de resíduos seja caracterizada por vários métodos inseguros (ver figura 25) e doenças (ver figura 25b), é uma forma de subsistência da qual os catadores não se podem afastar.

5.4.1 Efeitos ambientais no local de eliminação de resíduos

Os dois principais problemas ambientais enfrentados nos locais de eliminação de resíduos objeto dos estudos de investigação são a poluição atmosférica causada pelos resíduos orgânicos e a poluição das águas subterrâneas, bem como as inundações e a obstrução das drenagens, que normalmente conduzem à degradação dos solos. Foi investigado que as emissões de metano induzidas pelo homem representam cerca de 15 % dos gases com efeito de estufa e que a eliminação de resíduos a nível mundial representa 12 %, geralmente em resultado das actividades antropogénicas do homem. (De acordo com o Banco Mundial, 2015), a eliminação de resíduos é a quarta maior fonte de gases com efeito de estufa que não o dióxido de carbono. Os gases produzidos nos aterros sanitários são 50% metano, 50% dióxido de carbono e outros componentes gasosos (*Shalaby, 2011*).

De acordo com esta investigação, a poluição das águas subterrâneas pode ser causada por lixiviados (ver figura 23a e b) que foram identificados nos locais centrais de eliminação de resíduos em Olushosun. (Akolade L. Sanusi, 2013). As melhores práticas internacionais exigem que os aterros tenham camadas protectoras no fundo, um sistema de recolha de lixiviados, poços de monitorização das águas subterrâneas e lagoas de drenagem para onde todo o escoamento é canalizado, a fim de proteger as águas subterrâneas e superficiais da contaminação, o que não existe na maioria dos aterros sanitários/ lixões concebidos na Nigéria. (Lawal, M, 2010). Nos aterros de Ikorodu, a maior parte dos resíduos foi deixada exposta, o que permite a lixiviação de contaminantes dos resíduos para as águas subterrâneas. O aterro não dispõe de um mecanismo de tratamento de resíduos, pelo que todos os tipos de resíduos, como os químicos, os industriais, os hospitalares, as pilhas usadas, os computadores e os aparelhos electrónicos, são depositados em conjunto no aterro. Este facto explica a presença de contaminantes tóxicos nas águas subterrâneas.

Os três aterros não dispõem de um plano de gestão ambiental e de um sistema de gestão ambiental que possam ajudar a avaliar os potenciais riscos ambientais e para a saúde humana associados ao aterro.

5.4.2 Efeitos na saúde

De acordo com Lawal, M, 2010, os efeitos das lixeiras na saúde não podem ser quantificados. Foram registados problemas relacionados com a saúde em vários centros de saúde no estado de Lagos. Entre os exemplos de doenças registadas no hospital contam-se queimaduras na pele, cancro do pulmão, diarreia, dores no peito e vómitos. Outras doenças infecciosas incluem o tifo, que é transmitido por ratos provenientes das lixeiras.

5.4.3 Efeitos sociais

Os efeitos sociais sobre as pessoas que vivem nas imediações das lixeiras são enormes, uma vez que muitas pessoas não querem uma lixeira ou um aterro sanitário nos seus bairros, o que tem levado a muitos conflitos sociais entre os líderes locais, o governo e os residentes da comunidade em geral.

A questão dos resíduos sólidos é uma questão relativa que levou a maioria das pessoas da localidade onde se situam as lixeiras no estado de Lagos a abandonar as suas casas e a mudarem-se para outra comunidade, porque muitas pessoas estão conscientes de que qualquer habitat situado nas lixeiras ou perto delas é um local indesejável para viver (*Miller et al 1991*).

5.5 Adaptação do Eco Policy Game aos Resíduos Sólidos Urbanos do Estado de Lagos

A política ecológica é um jogo de computador que aborda as interações complexas e o pensamento em rede no nosso mundo real. É um método inconsciente através do qual jovens, adultos, gestores ou políticos podem aprender a lidar com a complexidade incorporada com base no pensamento sistémico. É acompanhado de um trabalho em rede altamente dinâmico, a fim de alcançar um ambiente sustentável para todos. (Frederic Vester , 2009).

O jogo envolve a pilotagem de um sistema complexo em que são utilizados países artificiais como Cyboria e Cybernetia, o que implica investir dinheiro em várias áreas da vida social. O principal objetivo é criar um equilíbrio entre a governação e a qualidade de vida. (Malik , 2013)

A simulação baseia-se nas seguintes variáveis: política, produção, stress ambiental, qualidade de vida, saneamento, educação e crescimento da população, que é um sector vital de qualquer economia, interligado por uma variedade de relações matemáticas (a maioria das quais não lineares). Cada decisão tomada cria uma cadeia complexa de efeitos no sistema. A sequência do fluxo de efeitos é produzida através da simulação das interconexões entre os sectores individuais. (Malik , 2013).

5.5.1 Conseguir uma gestão sustentável dos resíduos no estado de Lagos com uma política ecológica O jogo decorre durante 8 anos porque o governo da Nigéria é eleito de 4 em 4 anos, investindo muito no início na educação e no saneamento e mais tarde na qualidade de vida. A principal razão por detrás disto é educar as pessoas para conhecerem os impactos das práticas insustentáveis de gestão de resíduos que, por sua vez, influenciarão a qualidade de vida.

A qualidade de vida necessita de um grande investimento para que os impactos sejam visíveis, uma vez que as duas primeiras variáveis em que se investe têm um grande efeito na produção. O principal objetivo é utilizar o jogo ganho para conseguir uma gestão mais sustentável dos resíduos através de uma implementação correta e adequada das políticas, uma vez que isso ajudará o governo a conhecer o aspeto da variável em que deve investir o orçamento para conseguir uma gestão sustentável dos resíduos.

5.6 Orçamento e crescimento do PIB do Estado de Lagos

O orçamento total do Estado de Lagos para 2016 é de aproximadamente **N662 587 606 926 mil** milhões, **1 875 122 927,60 euros** e o saldo de **N119 714** mil milhões deve ser financiado através do financiamento do défice, que é de 0,41% do PIB do Estado com base no orçamento de 2016, e o Estado tem atualmente uma dívida acumulada de cerca de 3% do PIB. Foi introduzido um método destinado a resolver e a melhorar o rácio receitas/PIB, que se aproxima dos 2%. Atualmente, um dos métodos de geração de receitas consiste em fazer com que mais cidadãos e residentes do Estado de Lagos passem a pagar impostos, o que inclui a avaliação e a cobrança automatizadas dos impostos, uma administração adequada e uma base de receitas bem planeada, o que garantirá uma redução adequada do financiamento do défice. (Akinwunmiambode, 2015).

Este orçamento é constituído pelos seguintes elementos:
Despesas recorrentes   - N278,909 mil milhões
Despesas de capital   - N383,678 mil milhões.
O nosso rácio capital/recorrente é de 58:42, contra 51:49 em 2014 e 2015
- O custo total com pessoal/receitas totais é de 23%.
- O total das despesas de pessoal/RIG é de 31%
- O custo do pessoal como percentagem das despesas recorrentes é de 46%.
(Akinwunmiambode, 2015)

Table 8:   A repartição do orçamento do exercício de 2016 em percentagem é a seguinte

Quadro 8: Repartição do orçamento do exercício de 2016 em percentagem

SN	Grupo de funções	Despesas totais	Proposta% Atribuição
I	Serviços públicos gerais	120,508,571,598	18.2%
ii	Ordem e segurança públicas	28,559,021,841	4.4%
iii	Assuntos Económicos	211,043,408,183	31.9%
iv	Ambiente	53,043,599,505	8.0%
V	Habitação e Comunidade Amenidades	62,713,091,867	9.5%
vi	Saúde	64,677,679,096	9.8%
vii	Lazer, cultura e religião	4,636,917,054	0.7%
viii	Educação	113,379,337,664	17.1%
ix	Proteção social	4,025,980,116	0.6%
	TOTAL GERAL	**662,587,606,926**	**100.0**

Um dos objectivos do jogo da política ecológica em relação a este estudo é manter uma abordagem ou método lógico de natureza conservadora. conservadora porque, basicamente, a dotação financeira do Estado aumentou drasticamente para **N662.587.606.926 mil milhões** em comparação com o orçamento de 2014, que é de **N489.690 mil milhões**, tendo em conta a queda do preço do petróleo, que é a principal fonte de rendimento do país e que passou de 120 dólares por barril para cerca de 35 dólares por barril na altura do orçamento de 2016, aumentando assim a fonte de receitas do Governo, assegurando o crescimento da produção com elevadas exportações e implementando um controlo adequado e acções disciplinares no controlo da poluição e dos resíduos.

5.7 Resultados do jogo de política ecológica jogado

5.7.1 Valor inicial

A principal razão por detrás do elevado valor da educação e do saneamento na fase inicial do jogo prende-se com o facto de haver uma elevada produção de resíduos sólidos urbanos estimada em 0,66 kg/cap/dia, que é gerada nas zonas urbanas, enquanto 0,44 kg nas zonas rurais (Ogwueleka, 2009) e a estimativa de resíduos gerados é de 302 400 toneladas por mês, o que é elevado, o que pode ser resultado da falta de sensibilização das pessoas e da falta de formação adequada e de pessoal qualificado dos funcionários responsáveis pela gestão de resíduos.
Isto indica
- Que os resíduos sólidos produzidos no estado de Lagos estão a aumentar absolutamente com o aumento da população

- A taxa de produção de resíduos do Estado de Lagos é mais elevada do que a da maioria dos outros países em desenvolvimento, especialmente em África, variando entre 0,46 e 0,64 kg/cap/dia nos bairros de lata e cerca de 1 kg/cap/dia nas zonas urbanas do Estado.

Os valores iniciais.

Jogo jogado.

Table 9:   *Quadro com os pontos investidos.*

Rondas	Pontos de investimento	Educação	Saneamento	Qualidade de vida	produção
1º	8	5	3	0	0
2.o	11	4	4	0	-3
3rd	4	3	0	0	1
4.o	3	0	0	3	0
5th	8	0	0	8	0
6th	11	2	0	9	0
7th	14	2	5	7	0
8th	13	13	0	0	0

Quadro 10: Quadro com os pontos de atividade investidos

Primeira ronda

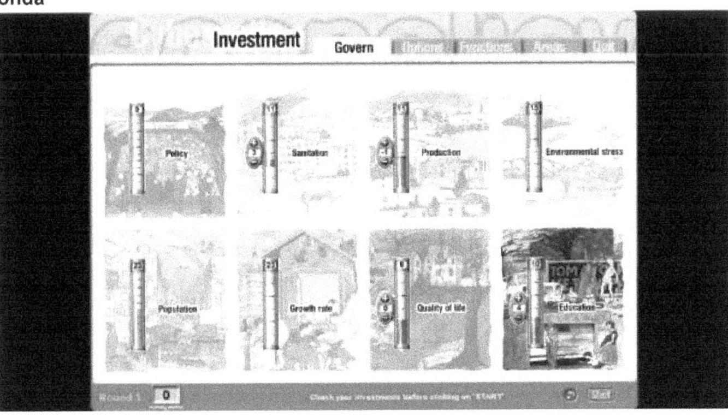

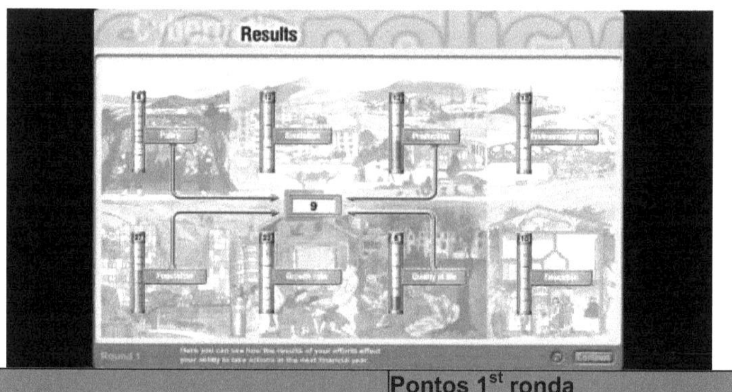

	Pontos 1st ronda
Educação	5
Saneamento	3
Qualidade de vida	0
Produção	0

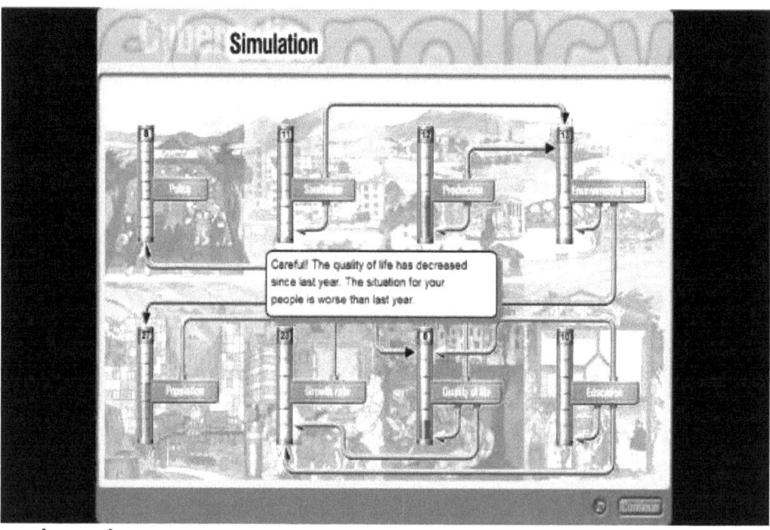

Segunda ronda

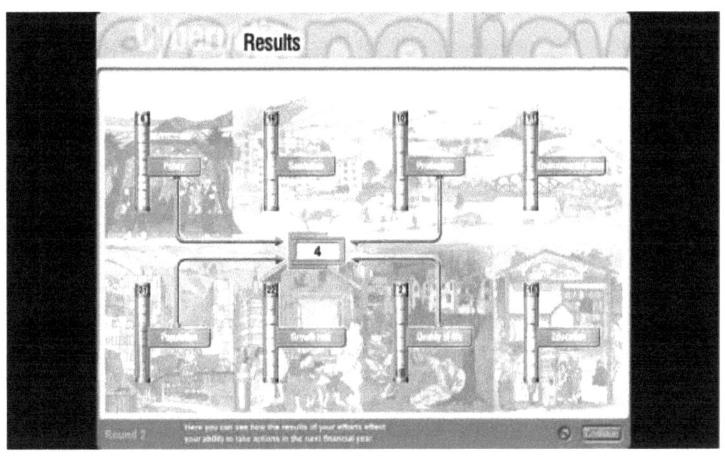

	Pontos 2rd round
Educação	4
Saneamento	4
Qualidade de vida	0
Produção	-3

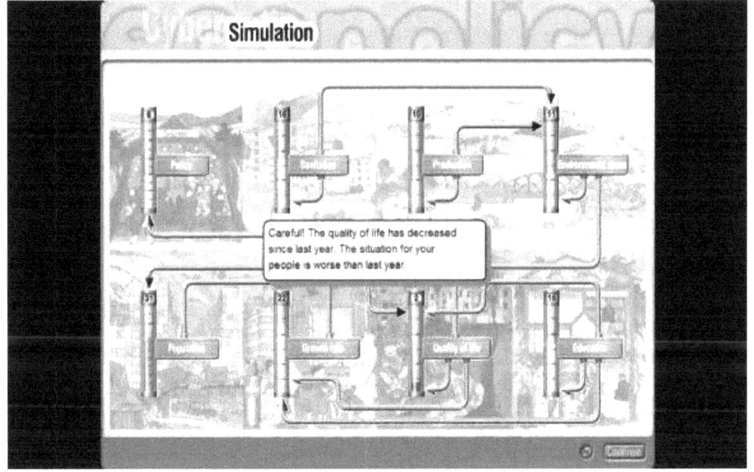

Terceira ronda

	Pontos 3rd round
Educação	3
Saneamento	0
Qualidade de vida	0
Produção	1

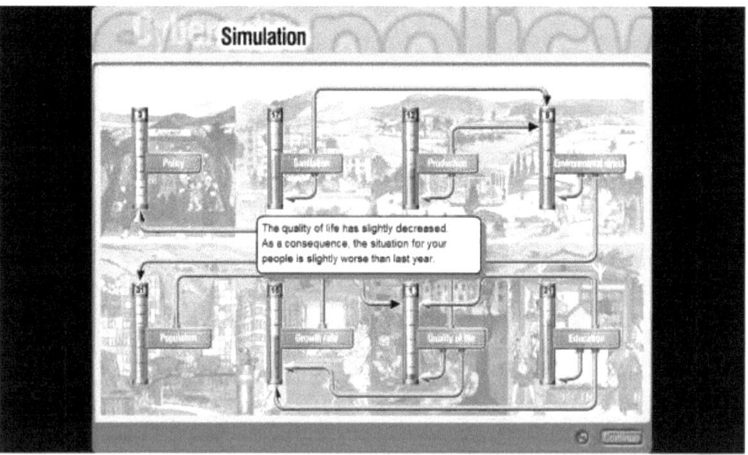

Quarta ronda

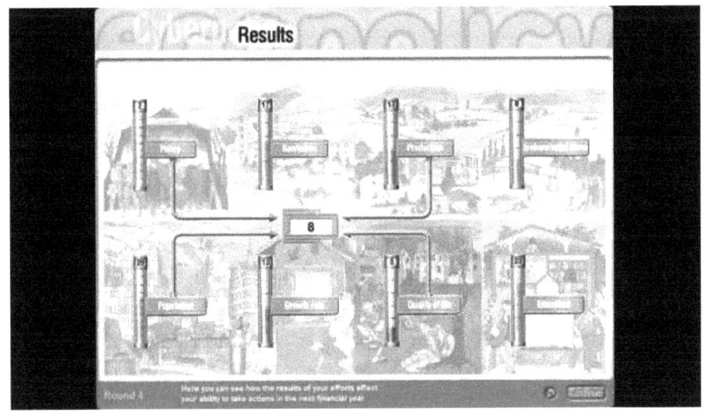

	Pontos 4th round
Educação	0
Saneamento	0
Qualidade de vida	3
Produção	0

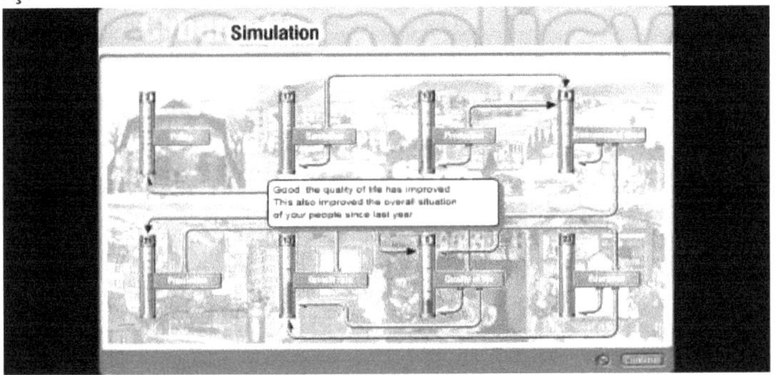

Quinta ronda

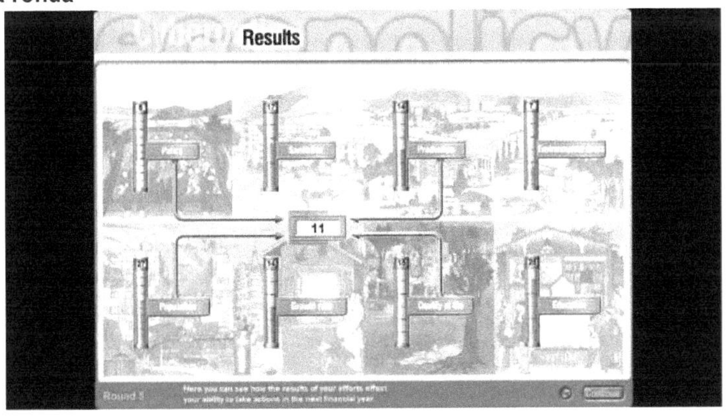

	Pontos 5th round
Educação	0
Saneamento	0
Qualidade de vida	8
Produção	0

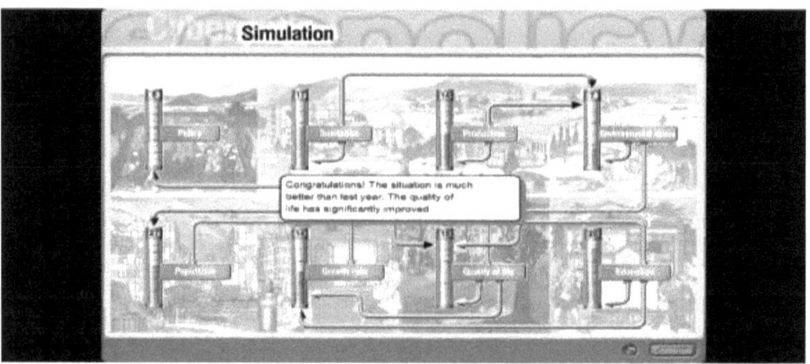

6ª ronda

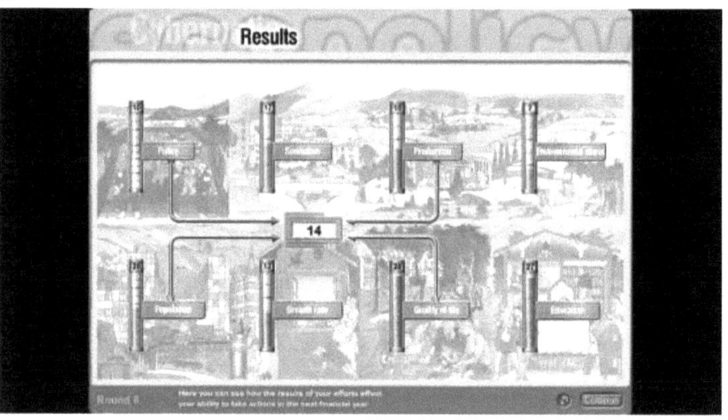

	Pontos 6th round
Educação	2
Saneamento	0
Qualidade de vida	9
Produção	0

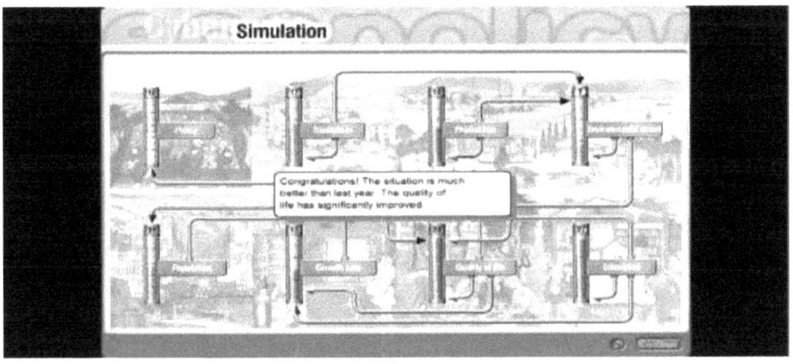

Sétima ronda

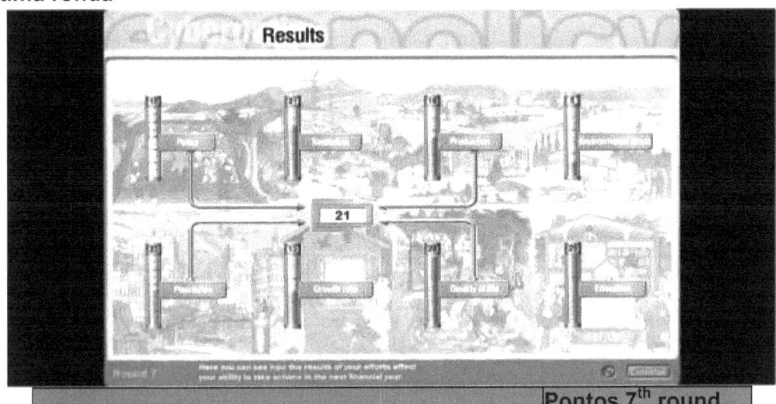

	Pontos 7th round
Educação	2
Saneamento	5
Qualidade de vida	7
Produção	0

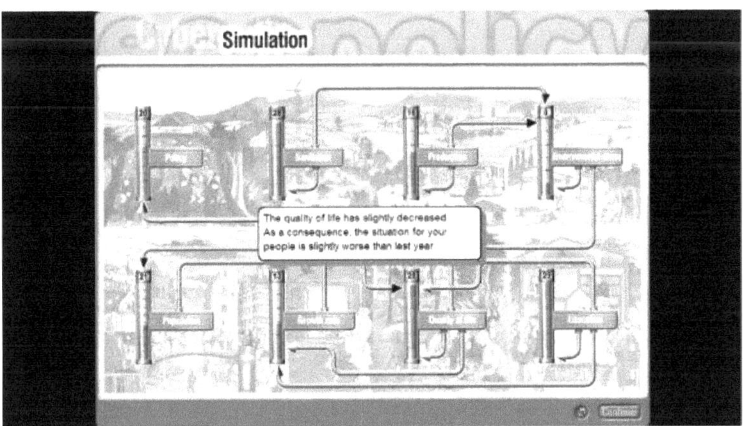

8ª ronda

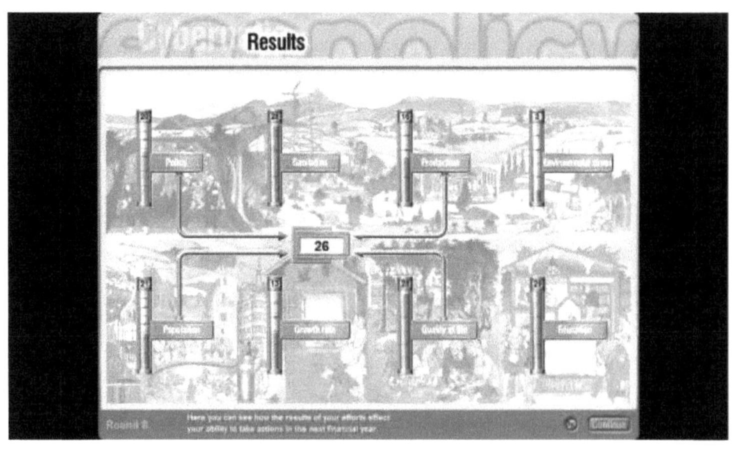

	Pontos 8th round
Educação	13
Saneamento	0
Qualidade de vida	0
Produção	0

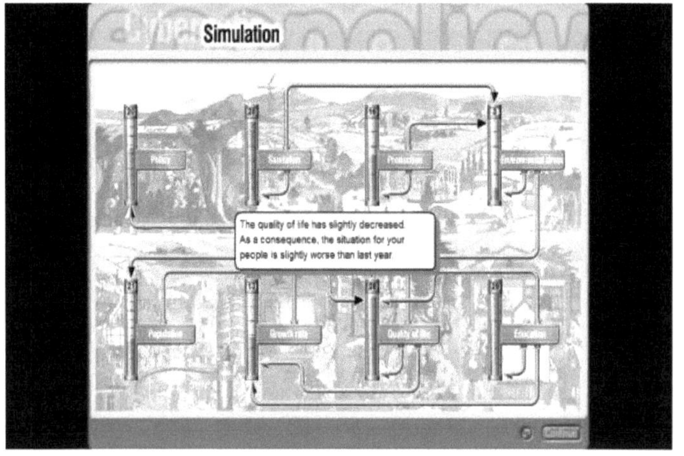

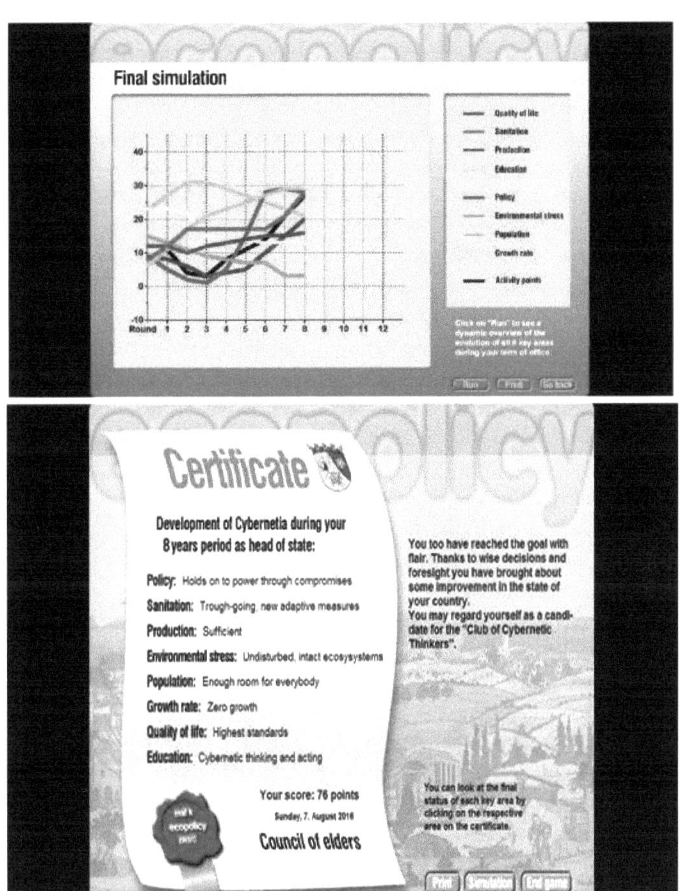
Final simulation
Quality of life
Sanitation
Production
Education
Policy
Environmental stress
Population
Growth rate
Activity points
40
30
20
10
0
-10
Round 1 2 3 4 5 6 7 8 9 10 11 12
Click on "Run" to see a dynamic overview of the evolution of all 8 key areas during your term of office.
Run Print Go back

Certificate
Development of Cybernetia during your 8 years period as head of state:
Policy: Holds on to power through compromises
Sanitation: Trough-going, new adaptive measures
Production: Sufficient
Environmental stress: Undisturbed, intact ecosystems
Population: Enough room for everybody
Growth rate: Zero growth
Quality of life: Highest standards
Education: Cybernetic thinking and acting
Your score: 76 points
Sunday, 7. August 2016
Council of elders
You too have reached the goal with flair. Thanks to wise decisions and foresight you have brought about some improvement in the state of your country.
You may regard yourself as a candidate for the "Club of Cybernetic Thinkers".
You can look at the final status of each key area by clicking on the respective area on the certificate.
Print Simulation End game

CAPÍTULO 6

RECOMENDAÇÃO E CONCLUSÃO

6.1 Recomendações

É necessário ver para além dos vários desafios e estabelecer soluções sustentáveis para ajudar a melhorar a gestão dos resíduos no ambiente local.

6.2 Potencialidades para seguir a hierarquia dos resíduos sólidos

A implementação de práticas da hierarquia de gestão de resíduos pode não parecer impossível no estado de Lagos, mas dar um passo nessa direção criará um grande impacto no sistema de gestão de resíduos.

6.1.1 Potenciais de redução e reutilização

A redução e a reutilização são importantes na gestão dos resíduos sólidos urbanos de Lagos e podem ser complementares à reciclagem e à compostagem se forem devidamente exploradas. Em Lagos, a situação económica e os hábitos frugais dos residentes parecem encarregar-se da redução dos resíduos orgânicos. Embora este facto pudesse ser capitalizado como forma de melhorar a redução e reutilização de resíduos a nível doméstico, apenas um pouco poderia ser alcançado a este respeito. A redução de resíduos na fonte de produção pode ser eficaz se forem adoptadas práticas adequadas (incluindo decisões de gestão doméstica), ajustamentos na utilização de matérias-primas, tecnologias e processos (Williams, P.T., 2009). Existe um maior potencial para a redução dos resíduos inorgânicos gerados pelos agregados familiares, que pode ser concentrado nas empresas transformadoras locais, que podem utilizar menos material de embalagem, e podem ser encorajadas a utilizar materiais ecológicos para a produção, bem como a desenvolver programas de incentivo atractivos. Esses programas encorajariam os consumidores a guardar e a devolver os resíduos não biodegradáveis, como os recipientes vazios para bebidas. Isto poderia criar uma situação vantajosa, uma vez que a separação dos resíduos na fonte poderia ser incentivada, as empresas poderiam registar custos de produção mais baixos devido à utilização de materiais reciclados e a quantidade de resíduos que acaba no aterro poderia ser reduzida.

A reutilização não tem sido sugerida como um sistema de gestão sustentável porque, atualmente, a Nigéria não é um país industrial e depende fortemente de produtos importados, desde produtos alimentares a petróleo refinado. Em 2012, a Aljazeera informou que cerca de 80% dos nigerianos utilizam artigos em segunda mão importados de países estrangeiros, especialmente vestuário e produtos electrónicos. Esta situação impossibilitou a reutilização de artigos, uma vez que estes se desgastam totalmente após a sua utilização e são deitados em lixeiras, provocando um aumento da produção de resíduos. Embora a reutilização não seja sugerida em grande escala, existem potencialidades para esta prática a nível doméstico. Escolhas simples, mais baratas, melhores e mais amigas do ambiente, como a compra de pratos de cerâmica para utilizar em casa em vez de plásticos descartáveis e a reutilização de sacos de plástico, podem levar a mais melhorias nesta opção.

6.1.2 Potenciais de reciclagem

Os agregados familiares, os operadores privados, o LAWMA e os catadores têm todos um papel importante a desempenhar na reciclagem de resíduos. O papel principal dos agregados familiares a este respeito deve ser a segregação e armazenamento adequados dos resíduos, o papel dos operadores privados deve incluir a recolha eficiente de resíduos e os catadores devem continuar a ser cruciais no mercado da reciclagem. O LAWMA poderia criar um plano integrado e o ambiente certo para o crescimento da reciclagem em Lagos. O plano da LAWMA para integrar os catadores no sector formal de gestão de resíduos sólidos pode não ser bem sucedido se os catadores não virem as vantagens em comparação com o que desfrutam atualmente na reciclagem informal de resíduos. Uma vez que não se pode dar a todos os catadores centros de reciclagem para gerir, é necessário implementar um planeamento detalhado e condições adequadas para tornar o grupo ainda mais relevante e produtivo em Lagos.

Para estimular a reciclagem no local de eliminação, poderiam ser desenvolvidas e associadas certas condições ao acesso dos catadores aos locais de eliminação de resíduos. A LAWMA poderia garantir a continuidade do acesso se os catadores pudessem vender mensalmente determinados quilogramas de resíduos recicláveis à unidade de reciclagem existente no local. A fábrica poderia ser melhorada para ser mais eficiente e também para acomodar a reciclagem de metal e papel; mais fábricas também podem ser estabelecidas no local ou a uma distância razoável de outros locais de eliminação de resíduos actuais. Os preços a que os catadores venderiam os materiais às centrais poderiam ser competitivos em relação aos oferecidos pelos compradores das empresas. Este tipo de acordo conduziria a uma maior taxa de recolha de resíduos e a mais actividades de reciclagem. Poderia também criar concorrência entre os intermediários e os compradores das empresas, garantindo assim que os catadores obtenham preços mais justos quando vendem os resíduos selecionados.

6.1.3 Potencialidades da compostagem

A produção de composto deve ser plenamente explorada como forma de reduzir os resíduos orgânicos que acabam nos locais de eliminação de resíduos sólidos. Deve ser dada mais atenção à gestão dos resíduos orgânicos domésticos através da compostagem, uma vez que estes constituem mais de metade da proporção dos resíduos produzidos em Lagos. Através da segregação dos resíduos sólidos orgânicos e da sua subsequente conversão em composto, pode conseguir-se a redução dos resíduos de aterro, dos gases de aterro (GEE), dos lixiviados, bem como a melhoria das condições ambientais e do bem-estar público (Akolade L. Sanusi, 2013). Poderiam ser realizados estudos de mercado detalhados para identificar a forma como uma grande parte do sector agrícola poderia ser incentivada a utilizar composto, tanto a nível estatal como nacional e internacional.

A educação pública desempenharia um papel importante no esclarecimento das famílias sobre a praticabilidade desta prática a nível doméstico, o que, por sua vez, encorajaria a segregação na fonte e criaria uma recolha eficiente de resíduos orgânicos para posterior transformação. Os agregados familiares, especialmente os de baixos rendimentos, e os operadores privados poderiam tornar-se actores importantes na recolha de resíduos orgânicos para a produção de composto, se houvesse um mercado próspero para eles no Estado.

6.1.4 Potencialidades para um local eficiente de eliminação de resíduos sólidos

Os locais de eliminação de resíduos sólidos em Lagos não podem ser descritos como aterros sanitários e, como tal, a gestão dos locais de eliminação deve ser melhorada para garantir que os resíduos depositados no passado ou no futuro não constituam um desafio ambiental ou de saúde pública para as pessoas que trabalham nos locais, bem como para os residentes que vivem perto desses locais. O potencial de extração e produção de gás de aterro parece ser enorme e deveria ser plenamente explorado. Pelo menos, um aterro sanitário bem concebido, com uma capacidade semelhante ou superior à do aterro central de Olushosun, deveria ser localizado e construído numa zona não residencial de Lagos. Os locais com instalações adequadas de captura de gás poderiam gerar energia que poderia ser vendida ou utilizada no aterro (Lawal, M, 2010). Para além dos benefícios ambientais, estas actividades de produção de energia, se devidamente planeadas e implementadas, poderiam também ser uma solução potencial para o desafio da falta de energia que tem assolado o estado.

6.4 Conclusão

Este estudo avaliou o sistema de gestão de resíduos sólidos urbanos no estado de Lagos e o resultado expõe as práticas de gestão ineficazes gritantes no estado. Pode deduzir-se que existe uma correlação entre o desenvolvimento e a gestão de resíduos, que existe no estado de Lagos e na Nigéria, porque se trata de um país em desenvolvimento, que ainda não atingiu o nível desejado em termos de gestão de resíduos sólidos urbanos.

A partir deste estudo, acredita-se que nenhuma opção de gestão de resíduos pode ser empregue isoladamente para a gestão de resíduos sólidos no Estado de Lagos. Para que o resultado desejado seja alcançado, a utilização da política ecológica é fortemente aconselhada como uma opção muito boa que deve ser considerada e empregue com base nas condições locais disponíveis e não em métodos estrangeiros.

A espinha dorsal da maioria das opções na hierarquia de gestão de resíduos é a segregação dos resíduos na fonte (Agbesola, Yetunde, 2013). Outros aspectos fundamentais são o armazenamento adequado, sistemas de recolha de resíduos mais eficientes, recuperação e eliminação sustentáveis (*Olatunde 2015*). A educação pública e os programas de gestão de resíduos devidamente planeados têm de ser introduzidos no atual sistema de gestão de resíduos e nos níveis de ensino secundário e primário no Estado. A integração dos catadores no sector da gestão de resíduos sólidos também é necessária para que a reciclagem se torne mais eficiente no Estado. Além disso, para encorajar e aumentar a cooperação das famílias, a inclusão de incentivos não deve ser negligenciada aquando da conceção de programas de gestão de resíduos.

A LAWMA poderia conseguir uma maior eficiência por parte dos operadores privados se introduzisse a utilização de camiões de recolha menos dispendiosos e mais adequados ao tipo de resíduos e às condições do estado de Lagos. Os operadores privados podem ser aliviados do ónus da recuperação dos custos se a LAWMA desenvolver regulamentos de pagamento rigorosos para os agregados familiares, e estes devem ser aplicados após a melhoria dos serviços de recolha.

Além disso, são necessários locais de eliminação de resíduos sólidos devidamente concebidos e bem explorados no Estado.

Se estas recomendações forem tidas em conta, o resultado será um ambiente mais limpo e livre de poluição, aumentando simultaneamente o crescimento económico em termos de industrialização e diversificando a economia do Estado.

Em conclusão, a ideia do jogo da política ecológica pode ser implementada pelo governo para saber como e quando investir

Por último, para aplicar alguns (se não todos) os princípios da hierarquia dos resíduos, não basta estabelecer uma política nacional de gestão de resíduos, mas é dever do Governo criar um sistema sustentável que a faça funcionar.

APÊNDICE A   Modelo do questionário utilizado para o público.

UNIVERSIDADE   TECNOLÓGICA   DE   BRANDENBURGO   COTTBUS SEFTENBERG

DEPARTAMENTO DE GESTÃO DOS RECURSOS AMBIENTAIS

(BTU)

QUESTIONÁRIO SOBRE

ESTRATÉGIAS PARA UMA GESTÃO SUSTENTÁVEL DOS RESÍDUOS NO ESTADO DE LAGOS, NA NIGÉRIA.

Caro(a) Senhor(a),

Este questionário tem como objetivo recolher dados para obter uma visão sobre a gestão integrada dos resíduos sólidos urbanos no Estado de Lagos, na Nigéria. As informações recolhidas destinam-se estritamente a fins académicos e serão tratadas de forma confidencial.

DATA

NOME DA RUA

NÚMERO DA CASA

SECÇÃO A: CARACTERÍSTICAS SOCIOECONÓMICAS

1.   Sexo do inquirido i. Masculino ( ) ii. Feminino ( )
2.   Estado civil i. Solteiro ( ) ii. Casado ( ) iii. Divorciado ( )
3.   Idade do inquirido
1.   Menos de 15 anos ( ) ii. 16-25 anos ( ) iii. 26-45 anos ( ) iv. Acima de 46 anos
4.   Profissão do inquirido
1.   Artesão ( ) ii. Comerciante ( ) iii. Funcionário Público ( ) iv. Desempregado ( )
v. Outros (especificar)
5.   Intervalo de rendimento mensal.
1.   Inferior a 5 000 ( ) ii. 5 000-20 000 ( ) iii. 21 000-50 000 ( )
iv. 51 000-100 000 ( ) v. Acima de 100 000 ( )

SECÇÃO B

6.   Tipos de edifícios
1.   Complexo tradicional ( ) ii. Bungalow ( ) iii. Apartamento ( ) iv. Edifício de andares ( ) v. Outros (especificar)
7.   Tipos de resíduos produzidos
1.   Papéis ( ) ii. Pano velho ( ) iii. Metais ( ) iv. Plástico ( ) v. Restos de comida ( ) vi. Nylon ( ) vii. Vidro ( ) viii. Outros (especificar)
8.   Método comum de eliminação de resíduos
1.   Queimadas ( ) ii. Despejo em espaço aberto ( ) iii. Contentores de recolha ( )
iv. Concurso para a recolha de resíduos por uma carrinha ( ) v. Descarga nos esgotos ( )vi. Concurso para empresas privadas ( )
9.   Sente-se confortável com o método de eliminação de resíduos adotado nesta zona?
1.   Sim ( ) ii. Não ( )
10.   Método sugerido para a eliminação de resíduos em Lagos
1.   Queimadas ( ) ii. Despejo em espaço aberto ( ) iii. Contentores de recolha ( )
iv. Concurso público para a recolha de resíduos Carrinha ( ) v. Despejo nos esgotos ( ) vi. Concurso para empresas privadas ( )
11.   Costuma notar a presença da carrinha de recolha de resíduos do Estado de Lagos nesta

zona?

i. Sim ( ) ii. Não ( )

12. Operação da carrinha de recolha de resíduos do Estado de Lagos em Lagos.

i. Uma vez por semana ( ) ii. Duas vezes por semana ( ) iii. 3 vezes por semana ( )

iv. 4 vezes por semana ( ) v. 5 vezes por semana ( ) vi. 6 vezes por semana ( )

vii. Diário ( )

13. Nível de envolvimento das comunidades na política ambiental em Lagos.

Sim Não

Presença no dia do ambiente

Participação ativa das pessoas durante esses dias

Presença de comités ambientais ou ONG

Impacto do governo nas actividades relacionadas com o ambiente.

APÊNDICE B: - Amostra do questionário utilizado para o pessoal e a direção do (LAWMA)
**UNIVERSIDADE TECNOLÓGICA DE BRANDENBURGO COTTBUS
SEFTENBERG DEPARTAMENTO DE GESTÃO DE RECURSOS AMBIENTAIS
(BTU).**
QUESTIONÁRIO SOBRE
PARA UMA GESTÃO INTEGRADA DOS RESÍDUOS SÓLIDOS URBANOS EM
ESTADO DE LAGOS, NIGÉRIA
**PRINCIPALMENTE PARA O PESSOAL E A DIRECÇÃO DA
AUTORIDADE DE GESTÃO DE RESÍDUOS DO ESTADO DE LAGOS
(LAWMA)**

Caro(a) Senhor(a),

Este questionário tem como objetivo recolher dados para obter uma visão sobre a gestão integrada dos resíduos sólidos urbanos no Estado de Lagos, na Nigéria. As informações recolhidas destinam-se estritamente a fins académicos e serão tratadas de forma confidencial.

DATA

1.   Fonte(s) de financiamento:

1.   Subvenção governamental ( )ii. Receitas geradas internamente ( )

2.   Quantos membros do pessoal existem na Autoridade de Gestão de Resíduos do Estado de Lagos?

1.   Inferior a 10 ( ) ii. 11-20 ( ) iii. 21-30 ( ) iv. 31-40 ( ) v. 41-50 ( ) vi.

Mais de 50 ( )

3.   Qualificações do pessoal

1.   Pós-graduação ( ) ii. Primeiro grau ( ) iii. HND relacionado ( )

iv. HND/NCE não relacionado ( )

4.   Doenças comuns da tripulação:

1.   Infeção do tórax ( ) ii. Doenças de origem alimentar ( )   iii. Doenças relacionadas com a água ( )

iv. Outros (especificar)

5.   Quantas carrinhas de recolha de resíduos estão disponíveis para serviço?

1.   Inferior a 5 ( ) ii. 5-10 ( ) iii. 11-15 ( ) iv. 16-20 ( ) v. Superior a 20 ( )

6.   Qual é o volume/capacidade do seu camião/carrinha de recolha de lixo

1.   Inferior a 5 tons ( ) ii. 5-10 tons ( ) iii. 11-15 tons ( )

iv. 16-20 tons ( ) v. Acima de 20 tons ( )

7. Equipamento. / Condições das carrinhas de recolha de lixo

1. Bom ( ) ii. Em reparação ( ) iii. Inservível ( )

8. Quais são os principais obstáculos com que se depara?

1. Veículos inadequados ( ) ii. Fundos inadequados ( ) iii. Falta de peças sobressalentes ( ) iv. Falta de pessoal ( ) v. Má disposição da circulação ( ) vi. Actividades dos empurradores de carrinhos ( ) vii. Recuperação de custos

9. Instalações para a gestão de resíduos sólidos urbanos:

i. Aterros sanitários ( )   ii. Incineradoras ( )   iii. Queima a céu aberto ( )

iv. Descarga a céu aberto ( )   v. Pesagem de RSU ( )

10. Deseja mais instalações de reciclagem/reutilização de RSU? i. Sim ( ) ii. Não ( )

11. Necessita de consultoria para aumentar as receitas provenientes da gestão de resíduos sólidos urbanos? i. Sim ( ) ii. Não ( )

APÊNDICE C: - Entrevista com a Autoridade de Gestão de Resíduos do Estado de Lagos

Protocolo:

1. Pode dizer-me, por favor, como é que o volume e o conteúdo dos resíduos em Lagos se alteraram nas últimas, digamos, duas décadas?

2. Quais são as principais funções da sua autoridade?

3. Quais são os desafios que a sua autoridade enfrenta?

4. Na sua opinião, como é que estes desafios podem ser abordados?

5. Quais são os métodos de recolha de resíduos utilizados pela autoridade?

6. Existe alguma estratégia para reduzir a produção de resíduos? Em caso afirmativo, quais são?

7. A agência exige que os operadores privados separem os resíduos no ponto de recolha? Seguimento: recuperá-los como recursos? Como o vidro, o plástico, o papel ou os resíduos orgânicos ¡SEP¡

8. O que é que se faz com o vidro? Latas de alumínio? Resíduos orgânicos? Jornais? Etc

9. A autoridade tem uma política de recuperação, reutilização ou reciclagem de resíduos? Em caso afirmativo, como e em que medida? A sua agência tem algum plano para se empenhar na gestão integrada dos resíduos sólidos que englobe a gestão da hierarquia dos resíduos?

10. Na sua opinião, o que é responsável pelo não funcionamento das instalações de reciclagem em Lagos?

11. Como é que a autoridade gere os aterros? Seguimento: o que é suscetível de mudar na operação ¡sEP nos próximos anos?

12. Como é que a autoridade encara as actividades dos catadores?

13. Em caso afirmativo, existe algum plano para os envolver nas suas actividades?

14. A autoridade regulamenta as suas actividades? Acompanhamento: De que forma? (Da minha ^observação, a maioria dos catadores despeja o lixo coletado na cidade em ⅛stream e rios próximos) ⅛

15. A autoridade tem planos para incorporar os catadores no seu sistema de gestão de resíduos?

16. Dispõe de dados sobre os resíduos produzidos na cidade?

17. Existem alternativas para reduzir o volume de resíduos e, consequentemente, a necessidade de aterros?

18. Por último, nos próximos dez anos, o que pensa que irá mudar no sector dos resíduos no

Estado de Lagos?
APÊNDICE D: - Entrevista com os catadores
Protocolo
1. Pode dizer-me, por favor, como é que o volume e o conteúdo dos resíduos em várias casas se alteraram nas últimas, digamos, duas décadas?
2. O que é que se faz com o vidro? Latas de alumínio? Resíduos orgânicos? Jornais? etc
3. Vende algum destes resíduos recolhidos a uma empresa de reciclagem? Se não, o que é que acontece a cada artigo? ⅛
4. Na sua opinião, quem é ou deve ser responsável pelo tratamento dos resíduos nas ruas? dpDentro de casa até ao ponto de recolha e do ponto de recolha até ao destino final
5. Que equipamento utiliza para o trabalho?
6. É permitido efetuar queimadas a céu aberto no aterro? Em caso afirmativo, porque é que o faz?
7. Tem algum problema no seu trabalho? Seguimento: que tipo de doenças tem?
8. As pessoas frequentam-no? Por quanto é que vende os resíduos recuperados?
9. Quem são os seus compradores e onde é que vende os materiais?
10. Necessita de algum registo formal na Câmara Municipal para a sua empresa?
11. O governo local reconhece o seu trabalho?
12. Em caso afirmativo, participaram em algum tipo de atividade ou formação?
13. Consegue obter um rendimento suficiente para sustentar a sua família?
14. Há quanto tempo exerce a sua atividade de recolha de resíduos?
15. Que mudanças espera ver no sector dos resíduos nos próximos 10 anos?

APÊNDICE E: - COMPOSIÇÃO PERCENTUAL DOS RESÍDUOS NAS ZONAS DE AMOSTRAGEM

ZONA	Papel (%)	Tecido velho (%)	Desperdício alimentar (%)	Metais (%)	Plástico (%)	Nylon (%)	Vidro (%)
A	17.9	13.2	25.0	7.1	10.8	23.6	2.4
B	20.9	12.4	22.2	8.0	12.4	19.6	4.4
C	28.7	6.9	20.1	5.0	14.4	20.3	4.6

Para obter a percentagem de composição dos resíduos: <u>Peso dos resíduos separados </u> X 100
Peso total da amostra de resíduos mistos

APÊNDICE F: - Aterros sanitários em Olushosun, Agege, Ikorodu e Eti Osa, respetivamente.

Referências

Adewole T. (2009). Waste Management Toward Sustainable Development in Nigeria. *A case study of Lagos State, International NGO Journak*, 4(4), 173-179.

Adewumi I.K, O. M. (2005). Planeamento de Indústrias de Fertilizantes Orgânicos para a Gestão de Resíduos Sólidos Urbanos: . *Journal of Applied Sciences Research*, 1(3): 285-291.

Agbesola, Yetunde. (2013). Sustentabilidade da gestão de resíduos sólidos urbanos na Nigéria: A Case Study of Lagos. *Universidade de Linköping, Instituto Tema, Departamento de Água e Estudos Ambientais.*

Akinwunmiambode. (2015). *http://akinwunmiambode.com/year-2016-budget-presentation-by-his-excellency-mr-akinwunmi-ambode-governor-of-lagos-state-* *at-the-chambers-of-the-lagos-state-house-of-assembly-alausa.* Retirado de http://akinwunmiambode.com.

Akolade L. Sanusi. (2013). Avaliação da qualidade das águas subterrâneas no aterro sanitário de Olusosun, Lagos, Nigéria. https://www.viurrspace.ca/server/api/core/bitstreams/bb966428-ccaf-4f03-85fd-9226ffc86a8e/content

Ali M. (2004). *Compostagem sustentável, um estudo de caso e diretrizes para os países em desenvolvimento.* Centro de Engenharia e Desenvolvimento, Universidade de Loughborough. https://www.lboro.ac.uk/research/wedc/resources/pubs/books/sc/

Ayeni, A. O., & Acquah, E. (2015). Uma Avaliação da Gestão de Resíduos Sólidos Urbanos na Área de Desenvolvimento do Conselho Local de Agboyi-Ketu (LCDA), Estado de Lagos. https://ir.unilag.edu.ng/handle/123456789/9631

Bogner et al. (2007). Waste management in climate change. *mitigation contribution of working group iii to the fourth assessment report of the intergovernmentsl panel of climatechange.* https://archive.ipcc.ch/publications_and_data/ar4/wg3/en/contents.html

Brundland. (1987). Ourcommonfuture . https://sustainabledevelopment.un.org/content/documents/5987our-common-future.pdfChima U.D., Ofodile E.A.U. e Okorie M.C.F. (2013). Distúrbios Natalinos e Pós-Natais na Área do Governo Local de Nneochi do Estado de Abia, Nigéria. *Jornal mais verde da ciência biológica.* https://www.researchgate.net/publication/266389142_A_Survey_of_Plants_Used_in_ the_Treatment_of_Ante-Natal_and_Post-Natal_Disorders_in_Nneochi_Local_Government_Area_of_Abia_State_Nigeria

Diaz et al. (2005). Projeto de gestão de resíduos sólidos. *Co-fundado por UNEP IETC (Oska, Japão) e Calrecovery, inc*, 7-9. 128-129. https://wedocs.unep.org/handle/20.500.11822/30734

Duke University Press. (2015). Demografia. https://www.dukeupress.edu/demography

Ellen M. (2013). Towards the Circular Economy (Rumo à economia circular). https://www.mckinsey.com/~/media/mckinsey/dotcom/client_service/sustainabilit y/pdfs/towards_the_circular_economy.ashx

Agência Europeia do Ambiente. (2007). *Diverting Waste from Landfill.* Copenhaga:

Effective of Waste Management Policies in the European Union. Copenhaga: Agência Europeia do Ambiente. https://www.eea.europa.eu/publications/diverting-waste-from-landfill-   eficácia-das-políticas-de-gestão-de-resíduos-na-união-europeia

AEA. (2009). Diverting waste from landfill, Effectiveness of Waste Management Policies in the European Union. *Agência Europeia do Ambiente.* https://www.eea.europa.eu/publications/diverting-waste-from-landfill-   eficácia-das-políticas-de-gestão-de-resíduos-na-união-europeia

Egun, N. K. (2009). Avaliação do nível de reciclagem e gestão de resíduos no Estado do Delta, Nigéria. *Journal of HumanEcology, 28*(2), 77-82. https://www.researchgate.net/profile/Nkonyeasua-Egun-   2/publication/228373834 Assessment OntheLevelof Recycling and Waste Management in Delta StateNigeria/links/53ff86e70cf29dd7cb5222b0/Assessm   ent-on-the-Level-of-Recycling-and-Waste-Management-in-Delta-State- Nigeria.pdf

Diretiva-quadro da UE relativa aos resíduos. (2008). Diretiva 2008/98/CE do Parlamento Europeu e do Conselho relativa aos resíduos e que revoga certas diretivas. https://eur-lex.europa.eu/legal-content/EN/TXT/?uri=celex%3A32008L0098

Comissão Europeia. (2010). Relatório Final-Análise da Evolução da Redução de Resíduos e do Âmbito da Prevenção de Resíduos.*Acardis.* https://ec.europa.eu/environment/pdf/waste/prevention/report_waste.pdf

Folorunso, R. a. (2001). Atenuação das inundações em Lagos, Nigéria, através da gestão sensata dos resíduos sólidos: o caso das ilhas Ikoyi e Victoria. *Resultados de um workshop sobre "   Wisepracticesforcoastal* https://www.researchgate.net/publication/332106584_Effective_solid_waste_man agement_A_solution_to_the_menace_of_marine_litter_in_coastal_communities_ of_Lagos_State_Nigeria

Geoffrey. (2005). Desenvolvimento Urbano Global. *The urban informal sector in Nigeria: towards economi Development, Environmental Health, and Social Harmony .* https://www.researchgate.net/publication/265748375_The_urban_informal_secto r_in_Nigeria_Towards_economic_development_environmental_health_and_soci al_harmony

Grant, T (2012) 'Lifo Cycle Assessment (LCA) and Degradable Polymers', em Khemani, K. e Scholz, C. (ed.) *Degradable Polymers and Materials: Principles and Practice (2ª edição).* ACS Symposium Series 1114: American Chemical Society, pp. 45-58. https://pubs.acs.org/doi/abs/10.1021/bk-2012-1114.ch004

Gunter Pauli. (2010). A Economia Azul. *Upcycling versusRecycling.* http://www.nationsonline.org. (2016).

Idowu, O., Omirin, M., e Osagie, J. (2011). Outsourcing para a eliminação sustentável de resíduos na metrópole de Lagos: Case study of Agege Local Government, Lagos. *Journal of Sustainable Development, , 4*(6), 116-131.

Igbinomwanhia, D. I. (2011). Situação da gestão de resíduos. i S. Kumar, . *Gestão Integrada de Resíduos (Vol. II, ss. 11-34). Rijeka, Croácia: Intech.*

Igoni, A. H. (2007). Resíduos sólidos urbanos em Port Harcourt, Nigéria. Applied Energy, . Elsevier 84(6): 664-670.

Ioannis B. (2013). *Gestão dos resíduos urbanos em Chipre.*

Iriruaga, E T. (2015). Gestão de resíduos sólidos na Nigéria.

Jagbir Singh, A.L. Ramanathan. (2010). Gestão de resíduos sólidos. *desafios actuais e futuros.*

Karibo, E O. (2008.). Gestão de resíduos e criação de emprego no Delta do Níger. *Uma comunicação apresentada na 2.ª apresentação dos jovens de sonho em Effurun.*

Kofoworola, O. (2007). Recovery and Recycling Practices in Municipal Solid Waste Management in Lagos, Nigeria (Práticas de recuperação e reciclagem na gestão de resíduos sólidos urbanos em Lagos, Nigéria). *(Elsevier, Red.) Waste Management,* 139-1143.

KPMG. (2015). *Relatório do consumidor e do retalho em África.*

Governo do Estado de Lagos. (2015, odecember-2015 thursday-17th). Obtido em http://akinwunmiambode.com/year-2016-budget-presentation-by-his-excellency- mr-akinwunmi-ambode-governador-do-estado-de-lagos-nas-câmaras-da-câmara-de-auditoria-de-lagos-alausa

Lawal, M. (2010). Gestão de resíduos na metrópole de Lagos.

LAWMA . (2011, 20 de fevereiro). Recuperado de http://www.lawma.gov.ng

LAWMA . (2012a). Entrevista com a Agência de Gestão de Resíduos do Estado de Lagos. http://www.diva-portal.org/smash/get/diva2:644961/FULLTEXT01.pdf

LAWMA. (2012b). Observação e entrevista informal com o funcionário do sítio de eliminação de resíduos sólidos de Olushosun .http://www.diva-portal.org/smash/get/diva2:644961/FULLTEXT01.pdf

Leton, T. G., & Omotosho, O. (2004). Operações de aterro na região do delta do Níger, na Nigéria. *Geologia de Engenharia, 73*(1-2), 171-177. https://www.scirp.org/reference/referencespapers?referenceid=1751809

Magutu P O, e Onsongo, C.O. (2011). *Gestão operacional de resíduos sólidos urbanos.* Gestão integrada de resíduos sólidos Vol 3-10, Croácia. https://www.intechopen.com/chapters/18477

Malik . (2013). Eco Policy institute. https://www.amazon.in/Environmental-Protection-Sustainable-Development-Sustainability/dp/9400738013

Narayana. (2009). Municipal solid waste Management in India. *from Waste Disposal to Recovery* [Gestão de *resíduos* sólidos urbanos na Índia: *da eliminação de resíduos à sua recuperação*].

Ogbonnaya Chukwu. (2011). Gestão da Geração de Resíduos de Matadouro e o Ambiente um estudo de caso de Minna Abbattoire. *Revista Internacional de Biociências (IJB).*

Ogwueleka. (2009). Caraterísticas e gestão dos resíduos sólidos urbanos na Nigéria. *. Departamento de Engenharia Civil, Universidade de Abuja, Abuja, Nigéria.*

Ogwueleka, T.C. (2003). Análise dos resíduos sólidos urbanos em Nsukka, Nigéria. *. Journal of Solid Waste Technology and Management,* , 29 (4): 239-246.

Olanrewaju et al. (2009). waste to wealth. *A case state of Ondo state integrated waste recycling and treatment project,* 7-16.

Olanrewaju, O.O e Ilemobade, A.A. (2009). Waste to Wealth, A case Study of the Ondo State Integrated Wastes Recycling and Treatment Project (Resíduos transformados em riqueza, um estudo de caso do projeto integrado de reciclagem e tratamento de resíduos do Estado de Ondo). *Universidade de Witwatersrand, Joanesburgo, África do Sul.*

Omisore E. O. e Akande C. G. (2003). The roles of all tiers of government and nongovernmental.

Oyelola, OT Babatunde, AI Odunlade, AK . (2009). Implicações para a saúde da eliminação de resíduos sólidos: estudo de caso da lixeira de Olususun, Lagos, Nigéria. *Revista Internacional de Ciências Puras e Aplicadas* , 3(2).

Pattnik, S, e Reddy v. (2010). Assessment of Municipal Solid Waste Managent in Puducherry (Avaliação da gestão dos resíduos sólidos urbanos em Puducherry). *India Resources, Conservation and Recycling*, 512-520.

Remigios M.V. (2010). Uma visão geral das práticas de gestão em locais de eliminação de resíduos sólidos em cidades e vilas de África. *Jornal de Desenvolvimento Sustentável em África*, 233-239.

Ruzi J A. (2001). Recycling overview and growth in Lund H.F (ed):. *The McGraw Hill Recycling Handbook, capítulo 1, McGraw Hill Inc, Nova Iorque.*

Sakai T. Yoshioka J H. . (2016). Material Cycles and Waste Management (Ciclos de materiais e gestão de resíduos). *Jornal oficial da Sociedade Japonesa de Ciclos de Materiais e Gestão de Resíduos (JSMCWM) e da Sociedade Coreana de Gestão de Resíduos (KSWM).*

Shefali Verma . (2002). Digestão aneróbia de matérias orgânicas biodegradáveis em resíduos sólidos urbanos. *Departamento de Engenharia da Terra e do Ambiente.*

Simoen Afun. (2010). Gestão de resíduos no estudo de caso em desenvolvimento da Nigéria.

Sammiesamkuz. (2011). Breve descrição do Estado de Lagos.

Sharholy et al. (2007). *Resíduos sólidos urbanos nas cidades indianas.* A review of waste management 2008 page459-467 .
https://www.sciencedirect.com/science/article/pii/S0956053X07000645

Shodhganga. (2011). Perfis geográficos, históricos e políticos da Nigéria.
https://www.academia.edu/29511989/Geographical_Historical_and_Political_Prof
iles_of_Nigeria_Geographical_Historical_and_Political_Profiles_of_Nigeria

A Organização para a Cooperação Económica. (1999). Comité de Ajuda ao Desenvolvimento (CAD).   https://www.oecd.org/dac/development-assistance-
committee/#:~:text=O%20objectivo%20global%20do%20programa,
no%20âmbito%20dos%20países%2C%20pobreza

Troschinetz, A.M e Mihelcic, J.R. (2008). *Sustaianable Recycling of Municipal Solid Waste in Developing Countries [Reciclagem Sustentável de Resíduos Sólidos Municipais em Países em Desenvolvimento].* Waste Management (2009) 915-923.
https://www.sciencedirect.com/science/article/pii/S0956053X08001669

Ugwu, S. O et al. (2008). Desempenho comparativo e índices hematológicos de frangos de carne em fase de acabamento alimentados com bagaço de palmiste, miudezas de bambara e casca de arroz em substituição parcial do milho. *Int. J. Poult. Sci,* 7   (3):   299-303.
https://citeseerx.ist.psu.edu/document?repid=rep1&type=pdf&doi=c8fd8fb72b261
9702c872cd3ef4fa2b1ab0ac1c3

PNUA. (2000). Depleted Uranium in Kosovo. Avaliação ambiental pós-conflito. . *Programa das Nações Unidas para o Ambiente, Genebra, CH.*

PNUA. (2005a). Gestão de resíduos sólidos. *Centro Internacional de Tecnologia Ambiental do Programa das Nações Unidas para o Ambiente. CallRecovery, centro*

INC.

PNUA. (2005b). Gestão de Resíduos Sólidos (Vol.11). *Programa das Nações Unidas para o Ambiente - Divisão de Tecnologia, Indústria e Economia, Centro Internacional de Tecnologia Ambiental de Osaka.*

Vester, F. (2015). *Ecopolítica: O jogo da estratégia cibernética.* Editora Biónica de Cibernética de Gestão.

VIWMA. (2011). Autoridade de Gestão de Resíduos das Ilhas Virgens.

Walling, E., Walston, A., Warren, E., Warshay, B., Wilhelm, E., & Wolf, S. (2004). Gestão dos resíduos sólidos urbanos nos países em desenvolvimento: Nigéria, um estudo de caso. *Grupo, 9*(1). http://www2.dnr.cornell.edu/saw44/NTRES331/Products/Spring%202004/Papers/ Gestão de resíduos sólidospdf

Recursos de gestão de resíduos . (2009). Recuperado de http://www.Wrfound.org.uk: http://www.Wrfound.org.uk

Williams, P T. (2005). Waste treatment and disposal. *West Sussex England*, segunda edição.

Williams, P T. (2009). Waste Manageme Resources. http://www.wrfound.org.uk.

Wolkowski, R. P. (2003). Nitrogen management considerations for landspreading municipal solid waste compost. *Journal of Environmental Quality, 32*(5), 18441850. https://acsess.onlinelibrary.wiley.com/doi/abs/10.2134/jeq2003.1844

Zhang, D., Keat, T. S., e Gersberg, R. M. . (2009). Acomparison of Municipal Solid Waste Management in Berlin and Singapore. *Waste Management*, 233-291. https://www.sciencedirect.com/science/article/pii/S0956053X09005194

Printed by Books on Demand GmbH, Norderstedt / Germany